Walter Kamprad · Muster ohne Wert

Walter Kamprad

Muster ohne Wert

Essays und Feuilletons aus Lust und Liebe

FRANKFURT A.M. LONDON NEW YORK

Die neue Literatur, die – in Erinnerung an die Zusammenarbeit Heinrich Heines und Annette von Droste-Hülshoffs mit der Herausgeberin Elise von Hohenhausen – ein Wagnis ist, steht im Mittelpunkt der Verlagsarbeit. Das Lektorat nimmt daher Manuskripte an, um deren Einsendung das gebildete Publikum gebeten wird.

Bibliografische Information der Deutschen Nationalbibliothek
Die Deutsche Nationalbibliothek verzeichnet diese Publikation in der Deutschen Nationalbibliografie; detaillierte bibliografische Daten sind im Internet abrufbar über http://dnb.d-nb.de.

Dieses Werk und alle seine Teile sind urheberrechtlich geschützt.

Lektorat: Alexandra Eryiğit-Klos
Titelbild: https://pixabay.com/de/couch-sofa-wohnzimmer-m%C3%B6belst%C3%BCck-1963400/.

Websites der Verlagshäuser der Frankfurter Verlagsgruppe:

www.frankfurter-verlagsgruppe.de
www.frankfurter-literaturverlag.de
www.frankfurter-taschenbuchverlag.de
www.publicbookmedia.de
www.august-von-goethe-literaturverlag.de
www.fouque-literaturverlag.de
www.weimarer-schiller-presse.de
www.deutsche-hochschulschriften.de
www.deutsche-bibliothek-der-wissenschaften.de
www.haensel-hohenhausen.de
www.prinz-von-hohenzollern-emden.de

Nachdruck, Speicherung, Sendung und Vervielfältigung in jeder Form, insbesondere Kopieren, Digitalisieren, Smoothing, Komprimierung, Konvertierung in andere Formate, Farbverfremdung sowie Bearbeitung und Übertragung des Werkes oder von Teilen desselben in andere Medien und Speicher sind ohne vorhergehende schriftliche Zustimmung des Verlags unzulässig und werden auch strafrechtlich verfolgt.

Gedruckt auf säurefreiem, alterungsbeständigem Papier, hergestellt aus chlorfrei gebleichtem Zellstoff (TcF-Norm).

Printed in EU

ISBN 978-3-8372-2107-7

©2018 FRANKFURTER LITERATURVERLAG

Ein Unternehmen der
FRANKFURTER VERLAGSGRUPPE AKTIENGESELLSCHAFT
Mainstraße 143
D-63065 Offenbach
Tel. 069-40-894-0 • Fax 069-40-894-194

E-Mail: lektorat@frankfurter-literaturverlag.de

Inhaltsverzeichnis

Vorwort 9
Kindheit 11
Volkslieder 17
„Hier irrte Goethe" 21
„Unser Leben währet siebzig Jahre ...". 25
„Du bist die Norm" 29
Herr Biedermann jammert 33
Vorsicht, schwarze Katze von links 37
Das Wunder der Persönlichkeit 43
Tradition 47
Ein kleines Lied 55
Heimat 59
Ostern 65
Aphorismen 69
Ich bin Deutscher 75
„Redet deutsch, damit ich's verstehe." 85
Briefe 89
Flucht in den Süden 93
Klischees 99
Freundschaft 103
Bewunderung 109
Leben 113
Erkenne dich selbst 121
Gespräche 127
Über Toleranz 131

Individualität	135
„Lies nicht so viel!"	139
Über die Dummheit	143
Geld passt in alle Taschen	147
Himmelstürmer	151
Sympathie	159
Marie Antoinette	161
80. Geburtstag	167
Freundlichkeit	171
Wir alle sind in einer Geschichte	173
„Wir sind das Volk!"	179
Prinzessinnen	183
Lotto spielen	189
Das Goethehaus	191
Die schönste Frau der Welt	195
Gelassenheit	199
Ein Stern erster Größe	203
Liebe auf den ersten Blick	211
Was halten Sie von „Schlampampsen"?	215
27.000 Tage auf der Welt!	219
Lebensgefühl im Spätherbst	223
Lichtjahrspäße	227
Konzertbesuch	235
Im Alter	237
„Lasst uns Gutes tun ..."	243
„Mein Bündel ist geschnürt ..."	247
„Tod, wo ist dein Stachel ..."	251

Advent 257
„O du fröhliche ...". 259
Weihnachtsgeschenke 265
Silvester 269

Vorwort

Wir arme Menschenkinder können fast alles: Roboter bauen und Atombomben, die Welt vernetzen und zum Mond fliegen, aber das Staunen haben wir verlernt, das Staunen über große und kleine Dinge.
Das beginnt schon am Frühstückstisch. Der Brotkorb ist zwar "nur aus Plaste" – und doch so wunderschön und kunstvoll geformt, dass man glauben könnte, er sei geflochten und Handarbeit. Die schöne Tischdecke, auch ein Kunstprodukt mit "handgemalten" Blumen, Blüten und Blättern, ist den Augen so selbstverständlich geworden, dass man gar nicht mehr hinsieht.
Gedichte? Das ist etwas für junge Mädchen oder überspannte Schöngeister, die sonst nichts zustande bringen. Volkslieder sind „wahre Kommentare der Denk-und Empfindungsweise unseres Volkes"? Mag sein, aber sie passen nicht mehr in unsere Zeit.
So ergeht es vielen kleinen Wundern. Doch auch Fabelhaftes und Köstliches entgeht unseren Sinnen. Inmitten von Technik und Zivilisation haben wir uns selbst aus den Augen verloren. Wissen Sie eigentlich, dass Sie eine große einzigartige Persönlichkeit sind? Dass ein „Stern erster Größe" nicht nur am Sternenzelt zu sehen ist? Haben Sie gewusst, dass es mitten unter uns von Prinzessinnen wimmelt? Wir müssen wieder zu uns selbst finden und wissen, was uns ziemt und frommt.

Von kleinen und großen Wundern ist in diesem Büchlein die Rede, von der Macht der Sympathie und dem Wert der Tradition, vom Wunder der Persönlichkeit und der Freundschaft, vom Aberglauben und von Lichtjahrspäßen. Und immer wieder wird das größte Wunder beschworen, das wir kennen: das Wunder Leben.

Die Feuilletons und Essays dieser Sammlung führen weg vom Alltag, und zugleich bringen sie ihn uns wieder nahe. Manche "philosophische Nuss" wird problemlos entkernt und damit jedem so vertraut, als ob es schon immer so gewesen wäre. Auch heikle Themen der Gegenwart werden nicht ausgeblendet: Heimat, Gemeinschaft, Deutschtum, Zukunftsängste. Wer wegschaut, betrügt sich selbst... Lassen Sie sich verführen, in Bekanntes und Unbekanntes. Ich bin mir sicher, dass Sie manche Überraschung erleben werden,

Leipzig, Dezember 2017

Walter Kamprad

Kindheit

In der Kindheit ist alles anders, zumindest früher, in unserer Zeit, damals, als es noch keine Fernseher gab, keine Drogen und keine Gangs, die sich die Köpfe blutig schlugen. Damals, als wir noch in die zweiklassige Dorfschule gingen, das war eigentlich eine herrliche Zeit. Alles war einfach, geordnet und klar. Die Menschen hatten noch keinen Deckel, sie waren durchschaubar: die Kaufmannsfrau verkaufte in ihrem „Tante-Emma-Laden" Brot, Zucker und Bonbons; der Pfarrer hielt sonntags seine Predigt und hatte die Woche über nicht viel zu tun, wenn nicht über Nacht gleich mehrere Seelen abberufen wurden. Nur der Polizist tanzte aus der Reihe. Er lief durch das Dorf und sah nichts, was nach Ungesetzlichkeit roch, aber das wusste er vorher schon.

Die Welt war nicht so geräumig wie jetzt. Das Dorf, d a s war die Welt. Was außerhalb der Gemeinde lag, war ohne Interesse. Selbst die Nachbardörfer waren uns gleichgültig. Nie hätte man dort leben wollen! Das eigene Dorf war das schönste von allen ringsum. Von Wald und Wasser umgeben, kam es uns wie das Paradies vor.

Zu Hause hatten wir kein Radio und keine Zeitung, gleich gar nicht konnte man mit einem Knopfdruck die Welt in die Stube holen. Die Weltgeschichte war übersichtlich, sie lag auch weit weg. Der Herr Lehrer pflegte den Unterricht, der aus Lesen, Schreiben und Rechnen bestand, mit der Standardfrage zu schließen: „Hat jemand noch eine Frage?" Aber nie hatte jemand eine. Für die Primitiven ist die Welt ohne Rätsel. Der Pauker konnte und wollte das nicht begreifen, wurde zuweilen wütend und schlug wie närrisch mit dem Rohrstock auf Pult und Bänke ein, aber das änderte nichts an unserem unschuldigen Zustand.

Er hatte gut reden! Er hatte die Wissenschaft und die Grenzen seiner Fähigkeiten kennengelernt – da wird die Welt begrenzt und voller Ungereimtheiten. Sein Himmel war mit lauter Fragezeichen verhängt, für uns Arme war er aber immer blank und blau.

Ich weiß nicht, wie es kam, aber mit dem Schreiben habe ich's von Anfang an gehalten. Meine Aufsätze, ellenlang und voller Fantasie, wurden bewundert, ich glaube sogar vom Lehrer, der kaum verstehen konnte, wie dieses ungewöhnliche Schreibgewächs auf diesem dörflichen Boden heranwachsen konnte.

GESCHRIEBENES kann Berge versetzen und macht Träume wahr. Das habe ich schnell begriffen und an einem einzigen Satze erfahren. Und damit hatte es folgende Bewandtnis: Ich hatte eine heimliche Freundin. Niemand wusste etwas davon, auch sie selbst nicht, aber nur s i e kam für mich infrage und sonst kein anderes Mädchen auf der ganzen Welt ...

Was musste man machen, damit der Traum auch Wirklichkeit wird? AUFSCHREIBEN muss man es. Und ich schrieb das große Geheimnis auf, nicht ins verborgene Tagebuch und auch nicht in Geheimschrift, sondern schön und groß in ein Buch, das ich täglich benutzte: in das Schullesebuch. Ganz hinten, auf dem Einband, unter dem Einschlagpapier, stand nun unverrückbar der Satz: „... wird meine Frau!"

Später, als ich das Lesebuch einem Mädchen der nächsttieferen Klassenstufe weitergeben musste, habe ich den Satz stehen lassen. Es gab keinerlei Grund, die Wahrheit auszulöschen. So haben es alle erfahren: der Bruder, der mich damit aufzog, die Mutter, die es wahrscheinlich schon geahnt hatte – Mütter wissen alles –, und alle Schulkameraden, die mich hänselten, was mir aber völlig gleichgültig war.

Und natürlich sie selbst, die Hauptperson, die gar nicht so sehr überrascht schien. Liebe und Feuer lassen sich eben nicht verbergen. Ich stand zu meinem Satz, war sogar froh und stolz, ihn geschrieben zu haben. Es war ja ein Stück Wirklichkeit, etwas, was eben nur ein bisschen aufgeschoben war und später bestimmt Realität würde. Keine Macht der Welt war in der Lage, Traum und Wirklichkeit auszulöschen.

Damals gab es noch Winter, und er meinte es gut mit uns. Das lag an den herrlichen Teichen des Dorfes, die oft mit einer spiegelblanken Eisfläche überzogen waren, kein modernes Stadion hätte da mithalten können. War es ein Wunder, dass wir alle kleine Eiskunstläufer waren? Niemand von uns ist berühmt geworden, aber das wollte auch keiner, das Laufen selbst war große Freude und Lust. Ich war der King auf dem Eise, zog meine Kreise, vorwärts und rückwärts wie die Katarina Witt oder hatte ich schon mehr den Stil der unvergleichlichen Peggy Fleming? Der Dorfteich kann ein Himmelreich sein.

Wenn der Winter kam, wurde alles ganz anders. Der Schulweg zum Nachbardorf wurde doppelt so lang. Nur mit Mühe konnten sich die Knirpse durch den tiefen Schnee hindurcharbeiten. Zu allem Ungemach lag das Nachbardorf in Richtung Nordost; von dort wehte der Wind immer so bösartig und kalt. Er machte die Wangen rot; meinem Bruder das linke Ohr. Doch das merkte er erst nach einiger Zeit, in der warmen Schulstube, als sich alle Blicke auf das knallrote Ohr zu richten begannen. Es war angefroren.

Schuld daran war die Mutter. Sie hatte ihn gescholten, früh, als er keine Mütze über den Kopf gezogen hatte. „Junge, setz die Mütze auf! Du erfrierst dir die Ohren!" Das war eben ein Grund, k e i n e Mütze aufzusetzen. Wer nicht hören will, muss fühlen. Die Wahrheit dieses Satzes erfährt jeder mal im Leben.

Wenn die Schneewehen zu hoch waren und der Nordost zu kalt blies, stampften wir wieder nach Hause zurück. „Heute fällt die Schule aus!", hatten wir selbstständig beschlossen. Gegen eine solche spontane Demokratie war auch der Lehrer machtlos, selbst im Dritten Reiche. Dabei hieß er KITTLER, war dem „Führer" wesens- und namensverwandt.

Der Winter '41, als fremden Soldaten vor Moskau Hände und Füße erfroren, wird immer im Gedächtnis bleiben, er war besonders streng und hart. Nachts krachte vor Kälte das Eis, dass es einem angst und bange werden konnte, so ungewöhnlich waren die Laute. Am nächsten Morgen war Staunen angesagt: große Risse, drei Finger breit, zogen sich über den ganzen Teich.

Der Winter mahnte die Menschen, ihre Väter und Söhne zurückzuholen aus der fremden, russischen Eiswüste, dem geschundenen Land. „Friede auf Erden und den Menschen ein Wohlgefallen", stand in schöner Schrift hoch oben an der Decke der Dorfkirche, aber die Botschaft war zu alt, zu abgegriffen und zu kraftlos über die Jahrhunderte, um daran glauben zu können.

Wintersachen wurden gesammelt für die Frierenden an der Front. Heimlich nahm ich die schweren Filzstiefel, die dem Vater gehörten, und lieferte sie ab. Ob sie einem Soldaten die Füße erhalten haben? Oder haben sie nur geholfen, den Krieg zu verlängern? Nie weiß man genau, was richtig und gut ist. Die Wahrheit kommt meistens erst später ans Licht.

Meterhoch lag auch in unserem Dörfchen der Schnee, der Ostwind wehte schneidend und scharf. Die Menschen zogen sich in ihre warmen Stuben zurück, und trotzdem war ihnen so kalt. Der Schnee, zu Mauern getürmt, trennte Häuser und Höfe.

„Ihr könnt zu uns kommen!", riefen die freigeschaufelten Zugänge. Im Winter, da rückt man im Dorfe zusammen, die Menschen, die man eine Ewigkeit kennt, geben Nähe, Vertrautheit und Wärme.

Dann kamen die wunderbaren Sternennächte. Das ganze Dorf wurde in Stille und Friedfertigkeit gehüllt. Unwirklich war der Krieg, weit in die Ferne gerückt, vom Winter war er besiegt.

Erst wagten sich Dutzende Sterne hervor, dann Hunderte und schließlich war der ganze Himmel damit besät. Die großen Sterne strahlten hell und klar, die kleinen konnte man kaum erkennen. GLEICHHEIT war auch im Himmel verpönt. Alles hatte seine Unterschiede, alles hatte seine Bestimmung. Der Gürtel der Milchstraße war die große Achse, um die sich das ganze Universum drehte. Sie brachte Schwung und Bewegung in die Unendlichkeit. So war mir der ganze Himmel kein Rätsel mehr.

Doch welche B o t s c h a f t sandten die Sterne auf unsere kleine Erde nieder und somit auch in mein abgeschiedenes friedliches Dorf? Ich, der Junge vom Mühlteich, wollte es wissen und stellte zum ersten Male Fragen nach dem Sinn des eigenen Lebens. „Klein und unbedeutend bist du. Nimm dich nicht wichtig und deinen Kummer nicht ernst, freu dich des Lebens, aber sei nicht überschwänglich in deiner Freude und bleibe bescheiden."

Die einzige Botschaft kann es nicht sein, dachte der Junge. „Wenn i c h mit dem Universum Zwiesprache halten kann, dann kann mein

Leben nicht ganz unbedeutend und ich kein NICHTS sein, das morgen verlöscht und vergessen ist." Der unendliche Sternenhimmel gab ihm die Gewissheit der E w i g k e i t d e s L e b e n s.
„Nichts, was gut ist und groß, kann vergehen." Das wurde sein Wahlspruch. Später fand er ihn in der Dichtung wieder: „Es kann die Spur von meinen Erdentagen nicht in Äonen untergehen." Doch da hatte er schon seinen Glauben, denn seit dieser Zeit betrachtete er den Sternenhimmel und sich selbst mit neuen Augen, war er der Natur ganz nahe und sich selbst nicht mehr fremd.

Ja, das war eine selige Zeit, als man noch Kind war. Da sehen die Augen noch das Blau des Himmels und die aufgetürmten Wolken als Riesen aus einer anderen Welt. Man kann den Wind schmecken und die Frühlingsdüfte greifen. Der Platzregen durchweicht einen bis aufs Hemd und wird doch freudig begrüßt und genossen. Der strengste Winter, kernfest und auf die Dauer, wird zum lieben Gefährten. In der Kindheit ist eben alles ganz anders. „Nur einmal kann der Mensch wie im Märchen leben, und das ist in der Kindheit." (Maxie Wander) Schlimm, ja bitter ist es für alle, die um dieses Paradies gebracht werden. Die Narben verheilen nie.

Volkslieder

„Wenn ich ein Vöglein wär' und auch zwei Flügel hätt', flög' ich zu dir ..." Was für ein schönes Lied! Sehnsucht, Liebe, Demut – alles ist in diesem kleinen Liedchen enthalten, was ein Volkslied ausmacht. Johann Gottfried Herder haben wir es zu verdanken; er hat es aufgespürt und in seine Sammlung „Volkslieder" (1778/78) aufgenommen. Ein Viertel war deutscher Herkunft, alles Übrige stammte aus der Überlieferung anderer Völker.

So ergab sich später der Titel „Stimmen der Völker in Liedern".

Herder war es auch, der den Begriff „Volkslied" prägte. Komisch, jeder spürte und fühlte es, dass das, was er sang, „Volkslieder" waren, aber es musste erst jemand kommen, der es ihnen sagte. Auch über das Einfache kann man mitunter staunen.

Und warum eigentlich wendete er sich so intensiv den Liedern der verschiedenen Völker zu? Sie sind „ein wahrer Kommentar ihrer Denk- und Empfindungsweise", meint er, sie sind in Sprache, Ton und Gehalt „Denkart des Stammes oder gleichsam selbst Stamm und Mark der Nation". Wenn man wissen will, welche Eigenart ein Volk hat, muss man seine Volkslieder kennen und singen.

In Deutschland, damals in viele Ländchen zersplittert, trug Herders Sammlung dazu bei, Nationalgefühl zu entwickeln. Die Schwaben, Sachsen, Hessen, Schlesier, Mecklenburger und alle anderen fanden sich in ihren Liedern vereint, ehe sie e i n Volk und e i n Reich wurden. Was so kleine Liedchen alles vermögen! Man muss nur ihre Größe erkennen. „Ein kleines Lied! wie geht's nur an, / Daß man so lieb es haben kann", fragt Marie von Ebner-Eschenbach und gibt selbst die Antwort: „Es liegt darin ein wenig Klang, / Ein wenig Wohllaut und Gesang / Und eine ganze Seele."

Jeder fühlt sie, diese Seele des Volkes, wenn er die schönen alten Lieder summt oder singt: *Kein schöner Land in dieser Zeit ... Wenn alle Brünnlein fließen ... Im schönsten Wiesengrunde ... Am Brunnen vor dem Tore ...*

Da geht einem das Herz auf – und zugleich stellt sich Wehmut ein: das Volkslied, es hat kein Hausrecht mehr, es ist verbannt aus Stuben und Sälen. Es ist ins Abseits gedrängt. Der „Fortschritt" hat ihm das Lebenslicht ausgeblasen. Technik und Zivilisation haben uns das genommen, was „Heimat" war und wo das Volkslied gedeihen konnte. Dort, wo es noch Heimatgefühl gibt, auf diesen bodenständigen Inseln unseres Landes, da lebt das Volkslied noch, da ist es den Menschen Bedürfnis und Labsal.

    Ännchen von Tharau (Simon Dach, 1637, Schlesien)
    Wenn alle Brünnlein fließen (1855, Schwaben)
    Mein Mädel hat einen Rosenmund (1840, Hessen)
    Horch, was kommt von draußen rein? (Bad. Pfalz)
    Ade nun zur guten Nacht (Sachsen und Hessen)
    Muss i denn, muss i denn zum Städtele hinaus (Schwaben)
    Du liegst mir am Herzen (1820, Norddeutschland)
    Im schönsten Wiesengrunde (19. Jh. aus dem Bergischen)
    Das Lieben bringt groß Freud (Schwaben 1827)
    Am Brunnen vor dem Tore (19. Jh., Schubert)
    Glück auf, Glück auf, der Steiger kommt (um 1730)
    Kein schöner Land in dieser Zeit (19. Jh.)
    Hab mein Wage vollgelade (17. Jh., Niederlande)

Wer gibt ihm das Hausrecht zurück? Liegt es nicht an uns selbst, es wieder heimisch zu machen? Was einmal war, kann nicht wiederkehren. Fromm aus Zwang währt nicht lang. Wer aber verbietet es Vater oder Mutter, zum Beispiel abends beim Schlafengehen mit den Kindern die alten schönen Lieder zu singen? Die kleinen Bälger und Bengel werden ihre Freude haben an Wohlklang und Wohllaut und damit auch Zugang finden zu dem, was „Volkspoesie" ist. Dann ist der Schritt nicht mehr weit zu den Gedichten im Volkston, wie sie uns Goethe, Eichendorff und Heine geschenkt und von Zelter, Mendelssohn, Schubert, Brahms und Loewe in unvergängliche Melodien gebracht haben, zum MAILIED, zur LORELEY, zur MONDNACHT, zum HEIDENRÖSLEIN ... Wer Volkslieder und Gedichte zum Freund hat, wird nie allein und einsam sein im Leben.

„Hier irrte Goethe"

„Der Eigenname eines Menschen ist nicht etwa wie ein Mantel", lesen wir in DICHTUNG UND WAHRHEIT, „der bloß um ihn her hängt und an dem man allenfalls noch zupfen und zerren kann, sondern ein vollkommen passendes Kleid, ja wie die Haut selbst ihm über und über angewachsen, an der man nicht schaben und schinden darf, ohne ihn selbst zu verletzen."

Wer einen so schönen deutschen Namen wie unser Goethe trägt, der hat gut lachen: nach den Altvordern ein G o t e und durch den Umlaut wird der Name sogar ins Musisch-Musikalische erhoben und erhöht – wie soll man da nicht frohlocken? Hätte er „Klapperstück" oder „Blödel" geheißen, „Rindfleisch" oder „Hasenohr" – hätte er dann auch noch von einem „vollkommen passenden Kleid" gesprochen? Sein Urteil wäre sicher anders ausgefallen. Kann man sich überhaupt vorstellen, der größte deutsche Dichter hieße „Ziegenhals"? Wir hätten es schlucken müssen, was wäre uns anderes übrig geblieben? – Es sei denn, er hätte einen Künstlernamen angenommen und seinen Ziegenhals hinter einen gefälligen Namen versteckt. Es geht eben nichts über einen guten Namen, und ein bisschen Glück gehört schon dazu, wie überall im Leben. Oder möchten Sie etwa „Biberschwanz" heißen oder „Pfotenhauer"? „Wenn ich dafür Millionär würde", höre ich eine Stimme im Hintergrund, „würde ich den Biberschwanz schon in Kauf nehmen."

Kennen Sie übrigens den großen Ludwig Rübengarten? Nein, noch nie etwas von ihm gehört? Rübengarten? Und weltberühmt soll er sein? Alle großen Männer haben klangvolle Namen: Dürer, Mozart, Lessing, Hegel – und dieser Mann heißt wirklich Rübengarten? „Bete" (früher auch „Beete"), das ist die Rote Rübe, und mittelhochdeutsch „hof" oder „hove" bedeutet Hof oder Garten. Im Jahre

1267 finden wir bei Tongern in Belgisch-Limburg ein Dorf mit dem Namen „Betuwe": Offenbar wurden dort viel Rüben angebaut, denn „Betuwe" bedeutet im Flämischen „Rübengarten"; 1412 erscheint der Ort als „Bet(h)o(u)we" – fällt nun endlich der Groschen? Nun wissen Sie, was alles auf einem Rübenacker gedeihen kann!

Haben Sie übrigens schon etwas von dem großen Ökonomen und Philosophen „Mordechai" gehört? Nein? Dann will ich Ihnen auf die Sprünge helfen. Der jüdische Advokat und Rechtsanwalt Hirsch Modechai aus Trier trat 1817 zum protestantischen Glauben über und ließ 1824 seine Kinder, darunter den sechsjährigen Karl, taufen, um das berufliche Fortkommen nicht zu erschweren; den Juden war damals manche Laufbahn verwehrt. Unser Advokat hatte 1808 seinen Namen in „Heinrich Marx" geändert, zum Glück für die gewaltige politische Bewegung, die bald die halbe Welt erobern sollte. Hätte sie sich auch mit dem Begriff „Mordechaiismus" durchgesetzt? Wohl kaum; die Gegner hätten leichtes Spiel gehabt und ihn als „Mordismus" verhöhnt. Name ist eben nicht Schall und Rauch. Hier irrte Goethe!

Kennen Sie die Bedeutung Ihres Namens? Wenn Sie keine Handwerker als Vorfahren haben und nicht „Müller", „Bäcker" oder „Schuster" heißen oder andere geläufige Namen wie „Bauer" oder „Richter" ins Spiel bringen können, dann muss man zumeist eine NAMENSKUNDE zu Rate ziehen. Meine Nachbarin hat es getan und ist froh darüber. Nun weiß sie, dass ihr Name „Bemman" nichts mit der „Bemme" zu tun hat, dem im Obersächsischen geläufigen Begriff für „belegte Brotschnitte". Nein, solch einen primitiven Ursprung hat ihr Name nicht: Ihre Vorfahren kamen wahrscheinlich aus BÖHMEN, im Jahre 1501 als „Behmann" nachgewiesen.

Jetzt wird die kleine Sonja Z i e g l e r von nebenan nicht mehr mit „Ziege, Ziege" gehänselt, seitdem sie weiß und ihre Spötter etwas beschämt hat, dass ihre Vorfahren „Ziegler" waren, also fleißige Handwerker, ohne die nichts geht auf dem Bau.

Legen Sie sich eine NAMENSKUNDE zu. Sie kommen aus dem Staunen nicht heraus. Es ist Kulturgeschichte par excellence.

"Unser Leben währet siebzig Jahre ..."

Auf den Begriff kommt es an. Sind Inhalt und Umfang abgesteckt, ist er imstande, die Welt zu ordnen. „Der Begriff ist die Wahrheit der Substanz." Unser Hegel kennt sich aus, ihm kann man vertrauen.

S e x hat eben nicht viel mit L i e b e zu tun, und ein T o t s c h l a g ist juristisch kein M o r d. Wie steht es aber mit L e b e n und T o d? Sind es unzertrennliche Brüder, wo keiner ohne den anderen auskommen kann?

Auf den ersten Blick scheint es so, aber der Schein trügt. Das Leben, so wird gemeint, beginnt mit der Geburt – womit sonst? Aber so sicher sind wir heute nicht mehr. Die Lebensschützer haben uns zum Nach- und Umdenken gebracht. Haben sich Samen und Eizelle vereint, beginnt das pulsierende Leben, und die zwölfte Woche ist noch nicht vorbei, da sind schon Kopf und Gehirn, Arme und Hände und Finger, Wirbelsäule und Knochengerüst, Magen, Darm, Leber, Nieren und das ganze Nervensystem ausgebildet und das kleine Herz hat längst zu schlagen begonnen. Das W u n d e r M e n s c h, nicht einmal zehn Zentimeter groß, ist im Prinzip schon vollendet.

Aber vor der Vereinigung von Samen und Ei, da war wirklich nichts, kein Leben, kein Tod. Nur Nichtexistenz. Doch haben wir schon einmal jemand sagen hören: „Vor meiner Geburt war ich tot"? Niemandem würde einfallen, das zu sagen. Der Tod kann nur auf das Leben folgen, vorausgehen kann er ihm nicht.

„Die Natur spritzt ihre Geschöpfe aus dem Nichts hervor", heißt es in Goethes wunderbarem Traktat „Natur", „und sagt ihnen nicht, woher sie kommen und wohin sie gehen. Sie sollen laufen; die Bahn kennt (nur) sie."

Aus dem Nichts? „Aus Nichts kann etwas werden", heißt ein Leitsatz von Ernst Bloch, „aber es muss in ihm angelegt sein."
In einer seiner Vorlesungen haben wir ihn ehrfürchtig vernommen und gespeichert fürs Leben.

Was also warst du vorher, mein Freund, als die Sache mit Samen und Ei noch nicht passiert war? Der Volksmund weiß Bescheid und gibt eine verblüffende Antwort: „Da hast du als Quark im Schaufenster gelegen." Das ist die Wahrheit, zumindest die halbe Wahrheit, denn mit Quark allein ist kein Geschäft zu machen, ein paar Zutaten sind schon nötig für das neue Leben. Und ganze Generationen schaffen am Erbgut mit, das weiß heute der Fünftklässler schon. Die Vorbereitung läuft über Jahrhunderte.

Was dann herauskommt, ist allerdings ganz dem Zufall geschuldet. Der Großvater musste sich gerade d i e s e Großmutter zu seiner Frau erwählt haben, und unter den vier bis fünf Millionen Samenzellen musste gerade d i e s e   e i n e den Wettlauf im Eileiter gewinnen, die deine Erbanlagen, über die du heute verfügst, in sich trug. Bis zu den Ururahnen muss man die Zufallsleiter hinauf- oder wohl besser hinuntersteigen, um das Unbegreifliche ins rechte Licht zu rücken, aber viel fasslicher wird das Rätsel dadurch dennoch nicht. Warum bin gerade *ich* ausersehen worden, das berühmte „Licht der Welt" zu erblicken? „Das Leben ist viel rätselhafter als der Tod", meint deshalb Joachim Günther, „es ist viel unbegreiflicher, dass ich bin, als dass ich einmal nicht mehr bin." Und ein schlechtes Gewissen müsste man eigentlich auch haben. Mit welchem Recht habe ich Hunderttausende meines Geschlechts aus dem Rennen geworfen, die auch hätten kommen können wie ich? Und habe ich meine Jahre so genutzt. dass ich es vor ihnen rechtfertigen kann? Wie viele hätten unserem Namen vielleicht Glanzlichter aufsetzen können, dass er nun leuchtete wie der von Dürer, Luther oder Einstein?

Es ist schon ein ungeheures Glück, aus der Nichtexistenz herauszutreten und auf die schöne Erde zu kommen, auch wenn man dabei nichts aussuchen durfte; weder Eltern noch Rasse, weder Land noch Zeit. Was einem bestimmt ist, mit dem muss man leben, das muss man ertragen. Niemand beschwert sich, auch nicht darüber, dass er 100.000 Jahre nicht war und erst jetzt aus dem Dunkel heraustritt. Das Glück ist zu groß, denn es grenzt an ein Wunder, l e b e n zu können, die Sonne, den Mond und die Sterne zu sehen und die herrliche Natur.

Aber das Glück ist flüchtig, es hat keinen Bestand, und so seltsam es auch klingt, es ist aber die Wahrheit: Schon mit der Geburt beginnen Alterungsprozess und Sterben.

Die Bäume machen es uns vor. Sie wachsen und bilden nach innen das Kerbholz aus, das ihnen Festigkeit und Dauer verleiht, aber es ist „totes" Holz. Der lebendige Teil des Stammes mit den sich teilenden Zellen besteht nur aus einer dünnen Haut, dem Kambium. Fast der gesamte Stamm ist „tot", und man kann kaum bestimmen, wo der lebendige Teil aufhört und der tote beginnt. Leben und „Tod" gehen ineinander über; „Sterben" beginnt schon mitten im Leben und ist kein einmaliger Vorgang an dessen Ende.
L e b e n   h e i ß t   s t e r b e n.

„Die Natur nimmt uns in den Kreislauf des Tanzes auf", lesen wir im „Traktat", „und treibt viel mit uns fort, bis wir ermüdet sind und ihrem Arme entfallen." Aus der Nichtexistenz tritt der Mensch ins Dasein und fällt, wenn seine Zeit gekommen ist, wieder in die Nichtexistenz als Mensch zurück, wie schon 100.000 Jahre zuvor. Nichtexistenz ist das Normale, das Natürliche, das Leben dagegen das Ungewöhnliche, das Außerordentliche, fast Unbegreifliche und das eigentliche Wunder.

E h r f u r c h t v o r d e m L e b e n geht daraus hervor, Ehrfurcht vor Pflanze, Tier und Mensch gleichermaßen und die Mahnung und Verpflichtung, dieses Wunder zu schützen und zu wahren.

Und der Tod? „Der Tod geht uns nichts an. Denn solange wir sind, ist der Tod nicht da, und sobald er da ist, sind wir nicht mehr. Folglich geht er weder die Lebenden an noch die Toten, denn die einen betrifft er nicht, und die anderen sind nicht mehr." So einfach ist die Erklärung, die uns Epikur hinterlassen hat, vor mehr als 2000 Jahren. Ist sie zu einfach, gar einfältig zu nennen? Für die Einfältigen vielleicht, denen es an Weite und Souveränität des Denkens mangelt. Problematisches verträgt auch eine einfache Einkleidung.

Für Epikur und seine Anhänger hat der Tod seinen Schrecken verloren, er ist überwunden und nur Anlass, „edel, hilfreich und gut" zu sein und sinnvoll zu leben. Für alle diejenigen, die im Glauben sterben, hat er sowieso keine Bedeutung, da ist er nur Durchgangsstadium.

Auf den Standpunkt kommt alles an. Welche Stellung man dem finsteren Gesellen auch zuweist, er geht uns nichts an.

„Du bist die Norm"

Die Technik hat's einfach. Sie hat feste Größen für Kraft, Leistung, Geschwindigkeiten, Papierformate, alles ist genormt. Bei Produkten werden zulässige Abweichungen mit dem „Abmaß" erfasst; was drunter oder drüber liegt, ist „Ausschuss".

So einfach ist das.

Im Menschenleben geht's nicht so einfach zu, es fehlen die Festgrößen. Der Durchschnittsdeutsche ist 1,68 Meter groß. Ist das für die Männer die Norm? Was drunter oder drüber liegt, ist das Ausschuss? Die Kleinwüchsigen melden sich zu Wort.
Wo bringen wir sie unter? Hat sie die Natur hervorgebracht, damit wir auf sie herabsehen und unser Selbstwertgefühl erhöhen können? Und Mädchen müssen unter 20 und zwischen 1,75 und 1,81 Meter groß sein, um Models werden zu können. Sind das die Idealmaße für das schwache Geschlecht?

Bei Kleidung und Schuhen geben uns die Versandhauskataloge Auskunft, ob wir „normal" sind, beim Intellekt dagegen gehen wir leer aus, da versagen alle Maße. Jeder ist zufrieden damit, was ihm die Natur an geistigen Gaben zugedacht hat. Man beklagt sich höchstens, dass man nicht schlank oder reich ist, doch niemand jammert über seinen schwachen Intellekt. Für den „Intelligenzquotienten" zeigt nur die Wissenschaft Interesse.

Auch mit den Richtwerten für Gut und Böse sieht's schlecht aus. Ist Luther der große Reformator oder ein Ketzer, der die Kirche gespalten hat und auf dem Scheiterhaufen hätte verbrannt werden müssen? Und die vielen Ungläubigen, die bis heute den Erdball bevölkern, müssen sie immer noch büßen bis ins vierte Glied? Und an der Todesstrafe, selbst für Kinderschänder, spalten sich die Geister. Nirgends gibt es feste Größen für Gut und Böse.

Auch für den Alltag gibt's keine verbindlichen Werte. Theaterbesuche gehören in einer Kulturgesellschaft zur Norm; wer nichts davon hält, ist ein Banause. Wer nur Krimis liest und nicht Romane der Weltliteratur, ist geistig minderbemittelt, eben anormal. „Manchen Menschen genügen Weihnachtskataloge, Zeitungsannoncen und beigepackte Erklärungen zu Mundwasser, Seife und Thermosflaschen als lebenslängliche Lektüre", spottet schon Christian Morgenstern.

Die Mehrheit der Bürger kommt der (unverbindlichen) „Wahlpflicht" nach, doch Millionen Nichtwähler tanzen aus der Reihe und bringen dadurch ihre Unzufriedenheit mit der offiziellen Politik zum Ausdruck. Wo ist die Partei, die ihre Interessen vertritt? Nirgends findet man eine für alle gültige „Norm". Weder die Mehrheit noch die Minderheit kann sie liefern. Das Individuum jubelt und reibt sich die Hände.

> „Eines schickt sich nicht für alle!
> Sehe jeder, wie er's treibe,
> Sehe jeder, wo er bleibe,
> Und wer steht, daß er nicht falle."

Diese „Beherzigung", wie sie uns Goethe ans Herz legt, hat offenbar der junge Mann gekannt, den ich nie vergessen werde. Er hat großes Aufsehen erregt, als es noch nicht üblich war, dass Männer schulterlanges Haar trugen. Alle drehten sich nach ihm um und die meisten schüttelten missbilligend den Kopf. Was hatte er auf den Rücken seiner Jacke mit weißer Kreide geschrieben, weil er den Auflauf, den Aufruhr voraussah, den seine Frisur hervorrufen

würde? *„Dein Haarschnitt gefällt mir auch nicht!"* Wie recht hatte er, die spießigen Normen aufzuspießen.
Jeder muss seinen eigenen Weg gehen; Vorbilder helfen nicht viel. Vor Jahren habe ich das auf einer „Jugendweihe" auf ungewöhnliche Weise vernommen. Der Vater gab seinem Sohn, der zu sehr auf das schaute, was andere machten und wollten, einen Rat, der mich zunächst verblüffte. Noch nie hatte ich einen solch ungeheuerlichen Satz als Lebensregel gehört: *„Du bist die Norm. Die anderen sind die Ausnahme."*

Das war wirklich ungewöhnlich. Stellte das nicht alle guten Leitsätze auf den Kopf? Bedeutete das nicht Egoismus par excellence? Hieß das nicht: Die anderen gehen dich nichts an, du musst dich nicht um sie bekümmern, du bist besser, stehst höher als sie?

Nichts von alledem. Es bedeutete: Du musst d e i n e n Weg gehen und d e n Lebensstil finden, der zu deinem Wesen passt, wenn du nicht in die Irre gehen willst. Du musst wissen, welche Eigenschaften du hast und welche Ziele du ansteuern kannst. Danach musst du dein Leben ausrichten, nicht nach anderen oder nach den Normen und Forderungen, die Staat, Kirche oder Vereine aufstellen. Sein Rat bedeutete auch: *„Werde so gut, dass man auf dich schaut und in dir so etwas wie eine Norm sieht."*

Wenn dir das gelingt, dann hast du zu dir selbst gefunden und dann wirst du zufrieden sein mit dir und deinem Dasein. Es deckt sich mit der Lebensregel, die Hegel aufgestellt hat: „Glücklich ist derjenige, der sein Dasein seinem besonderen Charakter, Wollen und Willkür angemessen hat und so in seinem Dasein sich selbst genießt."
Das hört sich fast egoistisch an, bedeutet aber nur: Du musst d e i n e e i g e n e N o r m finden und danach dein Leben ausrichten. Das ist alles. Goethe hat das in einen gefälligen Reim gebracht:

„Halte dich nur im Stillen rein
Und laß es um dich wettern;
Je mehr du fühlst, ein Mensch zu sein,
Desto ähnlicher bist du den Göttern."

Magst du auch den Göttern gleichen: für Egoismus ist kein Platz, hier im Irdischen, hier auf der Erde musst du dich beweisen und bewähren, auch bei den einfachsten Dingen. Das beginnt schon beim Essen in einer Gemeinschaft, die keine Eigenbrötlerei verträgt. Du bist gut beraten, dich einzuordnen und ab und zu (verstohlen) auf den Teller der Nachbarn zu sehen, damit du dein Mahl nicht entscheidend *vor* oder nach deinen Tischgenossen beendest. Ohne Gleichklang, ohne eine gewisse Harmonie kann keine Gemeinschaft auskommen. Wenn sie in der Familie besteht, wird es nicht passieren, dass das Kind seine Suppe auf die Schnelle auslöffelt und dann voll Ungeduld fragt: „Darf ich jetzt aufstehen und gehen?" Das gemeinsame Essen ist doch nicht einfach „Nahrungszufuhr", es ist so etwas wie eine heilige Handlung, ein Bekenntnis zur Gemeinschaft, in der man geborgen ist. So veraltet und überholt ist der gute Freiherr von Knigge gar nicht. Höflichkeit und gute Sitten machen wohlgelitten.

Herr Biedermann jammert

DAS LEBEN IST EIN IRRTUM, klagt Egon Biedermann, ein ewiger Nörgler an der Schöpfung. Nichts will er davon wissen, dass GOTT DER HERR am siebten Tag wohlgefällig auf sein Werk sah und mit den Worten pries: „Siehe da, es ist sehr gut." Hat damals eigentlich jemand zugestimmt?, fragt Herr Biedermann kritisch nach.

Wer bin ich? Bin ich wirklich ich oder doch ein anderer?, fügt er entrüstet hinzu. Niemand hat mich gefragt, wie und was ich sein wollte. Hätte man Rücksprache genommen, wäre ich heute ein ganz anderer Kerl: groß, stark und schön, eine Augenweide für Menschheit und Schöpfung. Und alle schönen Frauen hätten mir zu Füßen gelegen und meine Schönheit bewundert.

Aber was hat man gemacht? Einfach drauflos produziert. Zwei Menschen, die sich heute Vater und Mutter nennen, hatten ihren Spaß im Bett – oder war es im Fahrstuhl? – und neun Monate später bin ich auf die Welt gekommen. Aber auch vonseiten meiner Erzeuger war es ein Irrtum.

Sie hatten sich, wie immer, des Coitus interruptus bedient, und dennoch ist es schiefgegangen, und das Unglück war passiert.

Das Unglück! Sie wollten mich nämlich gar nicht, das ist die Wahrheit! Aber heute tun sie, als wäre ich ihr großes Glück. Nie hätte ich mit diesem verunglückten Gesicht auf die Welt kommen wollen! Das Kinn viel zu kurz, die Nase ellenlang. Und diese Ohren! Sie sind so groß wie bei Löffelhunden. War ich von der Schöpfung vielleicht als Löffelhund vorgesehen und bin nur durch Zufall und Versehen ein Mensch geworden?

Nun muss ich mit dieser verunstalteten Visage ein Leben lang durch die Welt laufen, als ein abschreckendes Beispiel für ungeplante, sinnlose Produktion.

Nicht genug damit: auch X-Beine hat man mir beigegeben. Die Frauen sehen spöttisch auf meine Glieder herab und fragen an, ob das Reiten mein besonderes Vergnügen und mein Markenzeichen wäre.

Deutscher bin ich geworden; meine Zustimmung liegt nicht vor. Franzose wäre mir lieber gewesen, schon wegen der Liebe. Bei uns gibt's nur sonnabends was.

Mongole wäre auch nicht schlecht gewesen, da könnte ich wenigstens stolz sein auf meine Nation. Wenn der Name DSCHINGIS KHAN fällt, zittern noch heute die westlichen Länder.

Auch Afrikaner hätte es sein können, schon wegen der Hautfarbe. Das spart die teuren Urlaubsreisen in den Süden. Wenigstens Jude hätte ich sein wollen! Da muss man sein Käppi nie abnehmen, beim Essen nicht und auch nicht beim Sex.

Aber Deutscher? Ausgerechnet Deutscher? Das klingt nach Stechschritt und Prahlerei. „Wir Deutsche fürchten Gott und sonst nichts in der Welt!" Was für ein Irrtum. Ich hatte immer entsetzliche Angst vor den Lehrern, manchen Rohrstock haben sie auf meinem zarten Popo zerdroschen. Später kam die Furcht vor der Erna hinzu, was meine erste Frau war, die mir zugeteilt wurde, ich weiß nicht warum.

Sie war ganz schwarz, oben und unten, schon das war ein Irrtum, denn ich stand auf Blondinen. Gaby war mein großer Schwarm, schlank und schön und 1,75 groß, aber mir war auf höheren Beschluss nur eine Größe von 1,62 zugestanden worden, das war das Unglück. Die schöne Gaby hat mir einen Korb gegeben.

Von diesem Schock habe ich mich nie wieder erholen können. Wer hat mich um mein großes Glück gebracht? Wen kann ich dafür verantwortlich machen, wen zur Rechenschaft ziehen?

Mit der Erna, das musste schiefgehen. Immer, wenn eine Blondine an mir vorüberstrich, fühlte ich einen Stachel in der Brust; mitunter saßen die Schmerzen auch etwas tiefer.
Die Erna konnte das auf die Dauer nicht hinnehmen. Ein zerbrochenes Nasenbein beendete schlagartig das traute Verhältnis. Gottes gütiger Spruch „Seid fruchtbar und vermehret euch" konnte nicht umgesetzt werden.

Die zweite Ehe, die ich dann einging, der Triumph der Hoffnung über die Erfahrung, hatte auch keine Dauer, wider Erwarten, die Schöne war Blondine, doch warum musste sie ausgerechnet GABY heißen! Jede Nacht schrie ich im Traum: „Gaby, meine Gaby, komm zu mir zurück, nur dich kann ich lieben!"
Der falschen Gaby war bald klar, dass nicht sie damit gemeint war, und abermals wurde mir das Nasenbein zertrümmert. Meine Träume waren schuld, sie brachten die Katastrophe. Wer hat sie über mich kommen lassen?

Eine Gebrauchsanweisung für das Leben müsste man uns in die Wiege legen, zumindest für die verrückteste Sache der Welt, die Liebe, sonst tappt man von einem Irrtum in den anderen.

Zu verschieden hat Gott der Herr die Geschlechter geschaffen: Die Frauen möchten in der Liebe Romane erleben, die Männer dagegen nur Kurzgeschichten. Da kann kein großes schönes Epos herauskommen, nur jede Menge Irrtum.

Warum bin ich nicht als Saudi in die Welt gesetzt worden? Ein Harem mit 40 oder 50 Blondinen, das wäre unbegrenztes Glück gewesen. Ohne Ende und über alle Maßen hätte ich die Schöpfung gepriesen! Aber immer trifft es die anderen, die das Paradies gar nicht verdienen und zu schätzen wissen.

Mit wenig wäre man ja schon zufrieden. Millionär zum Beispiel wäre nicht schlecht und käme einem gewissen Ausgleich gleich. Nun aber, vom Schicksal stiefmütterlich bedacht, muss ich als Mittelmaß ausharren bis zum Jüngsten Tag. Und als Deutscher. Trübe Aussichten sind das.

„Eine Vergleichung des deutschen Volks mit andern Völkern erregt uns peinliche Gefühle." Nicht mal Goethe gibt uns Hoffnung und Zuversicht. Der Wurm steckt offenbar schon Jahrhunderte in uns. Kein Wunder, dass vieles nicht gelingen konnte. Weder der Platz an der Sonne noch ein Großdeutschland. „Am deutschen Wesen wird noch mal die Welt genesen." 100 Jahre alt ist der Ruf, doch niemand antwortet.

Ich will nicht murren. Es hätte schlimmer kommen können. Wenn ich zum Beispiel eine Ratte geworden wäre oder ein räudiger Hund. Da ist Deutscher doch besser. Da muss man kein Gift fürchten und keine Flöhe. Nur ab und zu einen Rüffel vom Zentralrat der Juden. Oder einen größenwahnsinnigen Politiker, der uns mal wieder herrlichen Zeiten entgegenführen will. Aber diesmal passen wir auf. Das Ausländerrecht haben wir schon verschärft, die Einbürgerung erschwert. So leicht kommt heute keiner ungebeten über die Grenze, so leicht kann heute keiner Deutscher werden, vor allem nicht Männer mit Schnurrbart. Einer aus Braunau reicht uns für das nächste Jahrhundert.

Vorsicht, schwarze Katze von links ...

Die Katze, anhänglich und treu, seit Jahrhunderten Gefährte und Freund des Menschen, kündigt plötzlich Gefahr oder sogar Unheil an! Sie hat den Ruf eines unheimlichen, ja fast dämonischen Gesellen mit eigener Seele. Das machen ihre geheimnisvollen, im Dunkeln phosphoreszierenden Augen. Das machen ihre „neun Leben", die man ihr zuschreibt. Ist es ein Wunder, dass man ihr von jeher übernatürliche Eigenschaften zutraut? Wenn sie einen Buckel macht oder sich wäscht, sind Gäste zu erwarten. Wenn sie sich gegen den Strich putzt, kommt wahrscheinlich ein Sturm.

Bei den alten Ägyptern galt sie als heilig, sie wurde verwöhnt, vergöttert und mit Opfergaben bedacht, und auch bei uns wollte man sie unbedingt an das Haus binden. Nicht nur durch leckere Speisen, auch durch besondere Methoden.

In Mecklenburg bestrich man ihr früher abends die Füße mit Butter, im Erzgebirge streute man ihr sogar Salz auf die Nase.
Im Isergebirge führte man sie dreimal um das Tischbein und murmelte dabei: „Dreimal ums Been – Katze bleib daheem." Eine Katze muss im Haus sein, eine Katze bringt Segen.

Sie halten nichts vom Aberglauben? Eine Mohrrübe ist eine Mohrrübe und eine Katze ist für Sie eine Katze? Wenn nachts die Eule ruft, hat das nichts zu bedeuten, gleich gar nicht Unheil oder Tod; bei den Germanen und Römern galt sie als Todesvogel, aber bei den Griechen wurde sie als heiliges Tier der Göttin Pallas Athene in Ehren gehalten, alles ist nur Aberglaube, über den man sich höchstens wundern kann.

Sie halten es mit Friedrich II.: „Der Aberglaube ist ein Kind der Furcht, der Schwachheit und der Unwissenheit"? Mag sein, aber Sie können ihm nicht entfliehen. „Der Aberglaube, in dem wir aufwachsen, verliert, auch wenn wir ihn erkennen, darum doch seine Macht nicht über uns", meint Lessing. „Es sind nicht alle frei, die ihrer Ketten spotten." Lessing? War das nicht der Dichter, den der Herzog von Braunschweig mit Schreibverbot belegte? Er kann mich nicht irremachen.

Ich verstehe Ihren Groll: Sie haben ein Hufeisen an die Tür geschlagen, mutig, wie Luther seine 95 Thesen, und trotzdem ist der Blitz eingeschlagen. Aber ich kann versichern, das war natürlich kein Zufall. Wer nicht daran glaubt, dem brennt das Haus ab.

Sie wollen nicht wissen, wann der günstigste Tag für Ihre Hochzeit ist? Hoffentlich geht's mit Ihrer Ehe gut. Wir wären ja auch gern zum Polterabend gekommen, um böse Geister zu vertreiben, die schon in der Hochzeitsnacht rumoren könnten, aber wenn Sie nicht wollen, dann überlassen wir Sie Ihrem Schicksal. Wir bringen auch keine Blechbüchsen an Ihrer Hochzeitskutsche an, diesen alten Brauch, der so alt sein dürfte wie das Heiraten selbst. Fahren Sie in Teufels Namen in Ihr Glück!

Aus Ihnen spricht aufgeklärtes Zeitalter, aber Hand aufs Herz, haben Sie noch nie auf Holz geklopft, nie „Hals- und Beinbruch" oder „toi, toi, toi" gewünscht?
In Ihrem Auto sehe ich einen Glücksbringer baumeln. Ist das Zufall oder Absicht?
Ein vierblättriges Kleeblatt, das Sie zufällig finden, und den Schornsteinfeger, der Ihnen über den Weg läuft, nehmen Sie als gutes Omen auf? Ich sehe, so weit weg von den „höheren Mächten"

sind Sie gar nicht. In Ihren modernen Schuhen laufen Sie doch noch ein bisschen auf ausgetretenen abergläubigen Pfaden ...

Warum muss die Tradition auch so zählebig sein! Freitag, der 13., ist für viele immer noch ein etwas unheimlicher Tag, vorsichtig geht man ihn an, passt auf, dass kein Unheil passiert, im Auto nicht und nicht beim Sport. In Hotels wird das Zimmer 13 ausgespart und in vielen Städten gibt es bei Bahn und Bus diese Unglückszahl nicht. 13 Personen am Tisch, das vermeidet man heute wie in „alten Zeiten", wo man glaubte, dass entweder der Jüngste der Runde oder wer zuletzt eintrifft nicht mehr lange zu leben habe.

Auch manch „großer Mann" hing dem Aberglauben an. Napoleon achtete darauf, dass nicht 13 Personen am Tische saßen, und Victor Hugo zögerte einmal ein Abendessen so lange hinaus, bis ein vierzehnter Tischgast hinzugezogen war.

„Ich bin sehr abergläubig", bekennt Georg Christoph Lichtenberg, „allein ich schäme mich dessen nicht ... Es ist der Körper meiner Philosophie." Er selbst versteht das nicht so recht: Ist das nicht sonderbar für einen Professor der Physik?

Sie müssen sich also gar nicht schämen, wenn Sie sich an alte Riten halten. Sie gratulieren niemand im Voraus zum Geburtstag, weil das Unglück bringen könnte? Sie werfen Münzen in manche Brunnen, damit Ihnen nie das Geld ausgeht? Sie wünschen sich etwas, wenn Sie im Frühling zum ersten Mal den Kuckuck hören? Sie klopfen dabei sogar auf das Portemonnaie?
Ich sehe, Sie sind auf dem besten Wege, alte Traditionen wachzuhalten.

„Der Aberglaube gehört zum Wesen des Menschen und flüchtet sich, wenn man ihn ganz und gar zu verdrängen denkt, in die wunderlichsten Ecken und Winkel, von wo er auf einmal, wenn er einigermaßen sicher zu sein glaubt, wieder hervortritt", meint unser Goethe. Man könne ihm auch nicht entfliehen: „Der Aberglaube lässt sich mit Zauberstricken vergleichen, die sich immer stärker zusammenziehen, je mehr man sich dagegen sträubt."
Und der MEISTER setzt noch eins drauf: „Der Aberglaube ist die Poesie des Lebens; deswegen schadet's dem Dichter nicht, abergläubig zu sein."

Unser Dichter hat sogar manche Entscheidung davon abhängig gemacht. Im Jahre 1817 saß er mit seinem „Kunscht-Meyer" in der Reisekutsche, nach Baden-Baden zur Kur sollte es gehen, auch ein Besuch in der Gerber-Mühle galt als sicher, er wollte Marianne von Willemer, die „Suleika" seines „westöstlichen Diwans", wiedersehen, aber kurz hinter Weimar brach ein Wagenrad, die Kutsche stürzte um, sein Begleiter zog sich ein paar Schürfwunden zu, an einem der nächsten Tage hätte man die Reise fortsetzen können; Goethe aber wertete den kleinen Unfall als ein schlechtes Omen, die Reise unterblieb, er sah seine Suleika nie wieder – mit weitreichenden Folgen für beide und die deutsche Literatur.

Sie sind ein wenig nachdenklich geworden? Freilich, Lichtenberg, Napoleon, Hugo und Goethe sind klangvolle Namen. Auch Hamlet gesellt sich noch dazu: „Es gibt mehr Dinge im Himmel und auf Erden, / Als eure Schulweisheit sich träumt."

Nein, Sie brauchen deshalb Ihren Grundsätzen nicht untreu zu werden.
Sie müssen sich nicht mit „Osterwasser" waschen, um schön zu werden und gesund zu bleiben; man muss nämlich schweigen dazu,

und so leicht wird Ihnen das gar nicht fallen. Sie können auch ruhig bei abnehmendem Monde pflanzen und säen, es wird schon alles gut keimen und blühen.

Sie können auch in den berühmten „Zwölfnächten" große Laken Weißwäsche aufhängen; wenn Wodan oder Odin mit seinem wilden Geisterheer wie ein Sturmwind herangebraust kommt, werden die ungebändigten Pferde schon nicht scheuen und stürzen.

Sie können sich auch einem Verein anschließen, der den Aberglauben bekämpft, an Freitagen zusammenkommen, besonders dann, wenn er auf den 13. fällt, sich zu dreizehn an den Tisch setzen, Spiegel und Glas in Mengen zerschlagen und absichtlich Salz verschütten: Jeder kann nach seiner eigenen Fasson selig werden.

Aber kommt ein Marienkäfer geflogen – empfangen Sie ihn bitte freundlich, es ist ein Himmelsbote, er hat schon manchem Glück gebracht. Setzt er sich gar auf Ihre Hand, dann kommt es auch zu Ihnen. Verscherzen Sie Ihre Chance nicht. Wer weiß, wann sie einmal wiederkommt.

Das Wunder der Persönlichkeit

Eine Erkenntnis kannst du unbesehen annehmen, sie reicht bis ins Altertum zurück und die Philosophen der Neuzeit haben sie nur wiederholt und abgewandelt: Der Charakter des Menschen, seine unverwechselbare Individualität prägen Einstellung, Haltung und Gesinnung des Menschen, bestimmen sein Wesen und sein Geschick. „Der Charakter ist das Schicksal des Menschen." So steht es schon bei Heraklit.

Einer der überzeugendsten Anhänger dieser Auffassung war Arthur Schopenhauer, in seinen „Aphorismen zur Lebensweisheit" schreibt er: „Durch seine Individualität ist das Maß seines möglichen Glückes bestimmt. Was einer in sich ist und an sich selber hat, kurz: die Persönlichkeit und deren Wert, ist das alleinige Unmittelbare zu seinem Glück und Wohlsein. Alles andere ist mittelbar, daher auch dessen Wirkung vereitelt werden kann, aber die Persönlichkeit nie."

>„So musst du sein, dir kannst du nicht entfliehen,
>So sagten schon Sibyllen, so Propheten;
>Und keine Zeit und keine Macht zerstückelt.
>Geprägte Form, die lebend sich entwickelt"

heißt es in Goethes großem Altersgedicht „Urworte. Orphisch" aus dem Jahre 1820. Er bringt dort sogar den Begriff des Dämonischen ins Spiel.

Das gilt auch für dich, mein Freund, du bist gemeint, auch dich spricht der Meister an. Das Ensemble deiner Eigenschaften und Eigenheiten, in deinem Wesen vereint, findet sich nirgends noch einmal auf der Welt. Bist du dir eigentlich dieser Einmaligkeit und dieses Glückes bewusst?

Es ist etwas Wunderbares um die Individualität. Du kannst kein anderer sein. Du kannst dich nicht verleugnen. Du kannst dir nicht entfliehen. Du kannst deine Natur nicht verändern. Du musst bleiben, wie du bist. Du darfst auch kein anderer sein wollen. Die Individualität, das Charakteristische, wodurch sich der Einzelne von jedem anderen unterscheidet, ist Wunder und Glück zugleich.

Wie, du blickst ein bisschen ungläubig drein, bist dir deiner selbst nicht ganz sicher? Ich kann dir deine Unsicherheit nehmen: Der Anthropologe lehrt dich, dass die Hautleisten deiner Fingerkuppen einmalig sind in der Welt – und du zweifelst an deiner Einmaligkeit? Lege deine Eigenschaften frei, begreife und verstehe dein Wesen, erkenne, wer du bist, und bleibe dir selbst treu. Du musst alles vermeiden, was deinem Wesen entgegensteht, du musst alles abwenden oder abwehren, was dir fremd ist. Was deiner Art und deinem Wesen gemäß ist, das musst du fördern und entwickeln. Das ist das ganze Geheimnis eines sinnerfüllten Lebens.

Wenn es dir gelingt, alle deine Anlagen zu kultivieren, dann kannst du auch „an dem stillen Bau besserer Begriffe, reinerer Grundsätze und edlerer Sitten, von denen zuletzt alle wahre Verbesserung der gesellschaftlichen Zustände abhängt," mitwirken, meint Friedrich Schiller in seiner berühmten Vorrede zu den „Horen" aus dem Jahre 1793. Ein schöneres Los kann der Persönlichkeit gar nicht zufallen: Sie verwirklicht sich selbst, indem sie am Bau menschlicherer Verhältnisse mitwirkt. „Handle so, dass die Maxime deines Willens jederzeit zugleich als Prinzip einer allgemeinen Gesetzgebung gelten könne."

Diese Aufforderung Immanuels Kants, die als „kategorischer Imperativ" in die Geschichte eingegangen ist, ist kein illusionäres Trugbild für dein Handeln, nicht die Forderung eines weltfremden

Philosophen, wie es uns manche glauben machen wollen. Sie kann Richtschnur auch für dein Handeln sein. Halte daran fest, lass dich nicht beirren und ins moralische Abseits drängen von Egoisten, von selbstsüchtigen Ich-Menschen, die nur sattes Wohlbehagen im Sinn haben. „Edel sei der Mensch, hilfreich und gut, denn das allein unterscheidet ihn von allen Wesen, die wir kennen." Der Fortschritt der Gesellschaft hängt auch von deinem Fortschreiten und deiner Gesinnung ab. Wenn du weißt, wer du bist, was du kannst und was du willst, dann kannst du dich auch selbst verwirklichen. Niemand wird dir deine Persönlichkeit streitig machen oder nehmen können. Sie ist das Höchste, was du erreichen kannst.

Tradition

Ich habe eine Schwäche für Tradition. Sie auch? Aber was heißt Schwäche? Für Süßigkeiten oder schöne Frauen kann man eine Schwäche haben, aber für die Tradition ist das Wort unangemessen. Tradition gibt uns Halt und Richtung, und Stärke überkommt uns, wenn uns ein Hauch vergangener Jahrhunderte anweht. Hält man zum Beispiel einen vergilbten Druck in den Händen – es muss ja nicht gleich die Lutherbibel sein – oder steht man vor einer gotischen Kathedrale – es kann auch ein solch „einfaches" Bauwerk wie die Annenkirche in Annaberg sein mit ihren trotzigen Mauern – oder geht man durch eine Gemäldesammlung mit altdeutschen Meistern, wie sie Stuttgart besitzt, erfüllt uns Glück und Stolz zugleich.

Begegnen wir solch einer Tradition, sind wir tief betroffen. Es ist Übereinkunft mit den Ahnen, Achtung und Ehrfurcht vor ihnen, aber auch Mahnung, sie nicht zu vergessen, wenn Neues entsteht.

„Ich wandle auf weiter, bunter Flur
Ursprünglicher Natur.
Ein holder Born, in welchem ich bade,
Ist Überlieferung, ist Gnade."[1]

Tradition baut Brücken zum Neuen, sodass es eigentlich nichts Neues gibt unter der Sonne, meint Goethe, der Fortsetzer und zugleich Bewahrer war; man könne „gar wohl in den Überlieferungen schon angedeutet finden, was wir selber gewahr werden und denken oder wohl gar hervorbringen."

Tradition – keine Zeit und keine Macht kann sie auslöschen. Sie übersteht allen politischen Wandel und alle Krisen. Wer sich ihr

---

1 Aus Goethes Gedichtsammlung „Gott, Gemüt und Welt".

entgegenstellt, geht unter. Wer sie aufgibt, gibt sich selber auf. Sie ist der Staffelstab, den eine Generation der anderen in die Zukunft weitergibt. In der Tradition wird die Seele eines Volkes lebendig, sie wird sozusagen sicht- und greifbar für uns. Sie gibt uns Gewissheit, Teil einer großen Gemeinschaft zu sein. „Tradition ist gesiebte Vernunft des gesamten Volkes aus einem Jahrhundert in das andere", heißt es bei Ricarda Huch.
Nie ist mir das deutlicher geworden als bei meiner Englandreise.

Als ich die Kathedrale von Chester mit dem Chorgestühl aus dem 14. Jahrhundert sah, die Colleges von Oxford und Cambridge, das Westminster von London mit dem ehrwürdigen Parlament, da erfasste mich *ein heiliger Schauer* – ich kann es anders nicht sagen, was ich fühlte und empfand. Ehrfurcht stellte sich ein angesichts dieser einzigartigen Tradition, wie sie über Jahrhunderte bewahrt und gepflegt wird. Das ist abendländische Kultur in Vollendung, wie sie in so vielen Ländern unseres Kontinents besteht: das war das vorherrschende Gefühl in diesen beglückenden Stunden.

Doch es stellte sich auch ein Gefühl der Ungewissheit und des Zweifels ein und die bange Frage: Wie lange wird sie wohl noch Bestand haben? Überall, auf den Straßen und Plätzen. in der U-Bahn und in den Geschäften sah ich fremde Gesichter, die fremden Sitten und Bräuchen folgen und der Tradition des Gastlandes nichts abgewinnen können, ja sie sogar als feindlich empfinden. Habe ich die drei Bombenleger gesehen, die bald darauf in der U-Bahn ein furchtbares Blutbad anrichten sollten? Beklemmende Gefühle überkamen mich, als ich durch London fuhr. Die Kolonialgeschichte holt Altengland ein, verheißt für die Zukunft nichts Gutes.

Nur in England? An allen Ecken und Enden des Alten Kontinents geht ein Gespenst um, das Gespenst der Überfremdung. Es breitet sich aus, unterhöhlt die Tradition und bedroht unsere Existenz. Fühlen Sie ähnlich oder lassen Sie solche Zukunftsängste kalt? Sollen sich doch die kommenden Generationen herumplagen damit, wir leben heute und nur einmal!

In unserem Vaterlande ist alles ähnlich und doch ist alles ganz anders. Die Zeugen vergangener Jahrhunderte stehen noch, die Dome und auch die Burgen stolz und kühn, die Kleinode des Mittelalters werden liebevoll gepflegt und vermitteln einen Zauber, dem sich niemand entziehen kann. Die Wartburg beschwört den Sängerkrieg herauf und Wagners Oper „Die Meistersinger"; geht man durch Celle, Wernigerode oder das altehrwürdige Nürnberg, weiß man gleich, was Tradition ist und bedeutet.

Was für einen Reichtum besitzt das deutsche Volk, auch in seiner Dichtung, Malerei und Philosophie! Kein anderes Land kann eine solch einzigartige Liste hervorragender Künstler und Denker vorweisen; kein Wunder, dass man vom „Land der Dichter und Denker" sprach. Auf diese Tradition kann unser Volk stolz sein, doch ... es sieht übel aus, der Zustand macht jammern.

Der britische Bestsellerautor Frederick Forsyth kennt sich aus bei uns und stellt verwundert fest: „Von der Geburt bis zur Universität hört kein Deutscher ein positives Wort über sein Heimatland. Er hört nur von den Sünden, von den schrecklichen Jahren des Hitlerismus. Die übrige Geschichte fällt unter den Tisch ..."[2]

Die jüngste Geschichte ist schuld. Hitler und seine Bande haben die Welt mit Krieg überzogen und Unglück und Verderben über die Völker gebracht, auch über das deutsche Volk, doch es wurde mit den braunen Barbaren gleichgesetzt.

---

2 In einem Interview im „Forum" Nr. 16/2002.

Schon zu Beginn des Krieges hat Präsident Roosevelt die künftige Politik der Alliierten gegenüber Deutschland verkündet: „Dem ganzen deutschen Volk muss eingehämmert werden, dass die ganze Nation an einer grenzenlosen Verschwörung gegen die Gesittung der modernen Welt beteiligt war." Churchill und de Gaulle bliesen in das gleiche Horn, die Theorie von der kollektiven Verantwortung, der K o l l e k t i v s c h u l d war geboren und ist bis in unsere Zeit das Credo der offiziellen Politik. Es soll und darf kein Schlussstrich gezogen werden, die Verbrechen der Nazibarbarei dürfen nicht verjähren, sie sollen nach dem Willen der Politiker wachgehalten werden über Generationen hinweg.

„Versöhnung ist ein absolut sinnloser Begriff", verkündete zum Beispiel Michel Friedman, Mitglied des Zentralrats der Juden. „Die Erben des judenmordenden Staates" müssten „die schwere historische Verantwortung zu sich nehmen, generationenlang, für immer."[3]

Eine neue E r b s ü n d e wurde in die Welt gesetzt, schwerer noch als die im Buch Mose, wo „der Väter Missetaten an den Kindern bis ins dritte und vierte Glied" heimgesucht werden. Die Ideologie der Kollektivschuld, von den deutschen Politikern willfährig übernommen, wurde eine Art Staatsreligion. Andreas von Schoeler, früher Oberbürgermeister von Frankfurt am Main, hat es auf die Kurzformel gebracht: „Auschwitz ist Deutschlands Vergangenheit, Gegenwart und Zukunft."[4]

---

3 „Rheinischer Merkur" vom 16. November 1985.
4 „Frankfurter Rundschau" vom 12. Dezember 1992.

Die große Schuld wird gleichsam mit den Genen an die Nachgeborenen weitergereicht. „Unser Schuldbuch sei vernichtet, ausgesöhnt die ganze Welt" – das gibt es nur in Schillers unsterblicher Ode und in Beethovens Chor seiner Neunten.

Man verleugnet die große Tradition, man schämt sich der eigenen Nationalität. Keimt so etwas wie Nationalstolz auf, wird er schon im Ansatz erstickt. Jede Lobpreisung, warnen vor allem die Juden, verkleinere die Schuld, lasse sie in den Hintergrund treten oder stelle sie sogar infrage. Auschwitz bringe die Hymnen auf die große Tradition zum Schweigen. Nationale Gefühle und nationale Gesinnung zu zeigen oder die ruhmvolle Vergangenheit zu preisen, ist verpönt. Wer es dennoch unternimmt, gerät in den Ruf, Nationalist oder gar „Nazi" zu sein. Was für eine traurige Gesinnung!

„Wir brauchen Liebe zum Nächsten und nicht Liebe zum Volk", meint zum Beispiel Heiner Geißler, ein angesehener CSU-Politiker. „Das Nationalgefühl als völkisch-kollektive Emotion ist irrational ... Es gibt keinen aufgeklärten Nationalismus."[5] Stolz auf die eigene Nation und ihre Kultur und Geschichte ist rückschrittlich, und schnell fallen die Begriffe „ausländerfeindlich" und „reaktionär". Jeder Franzose ist stolz, Angehöriger der „Grande Nation" zu sein, dem Deutschen aber wird Nationalstolz verwehrt.

Das bringt eine masochistische Moral hervor. „Ihre Modalitäten sind unaufhörliche Schuldbekenntnisse und Bußrituale, die nationale Selbsterniedrigung und die Bereitschaft zu unbegrenzten Wiedergutmachungsangeboten."[6] Die „Faschismuskeule"[7] hält alles

---

5 Mitgeteilt in: Heinz Nawratil, „Der Kult mit der Schuld", Universitas 2006.
6 Hubert Speidel, s. o. S. 256.
7 Der Begriff stammt von Helmut Knütter, s. o. S. 126.

nieder, gibt dem aufrechten Gang keinerlei Chance. Auch die Sprachkultur ist vom Niedergang begriffen, Schulen und Medien sind dafür traurige Zeugen; eine Reihe von Schulen hat den sogenannten „Immersionsunterricht" eingeführt, wo ab der ersten Grundschulklasse alle Fächer in englischer Sprache unterrichtet werden. „Die Deutschen glauben nicht mehr, dass Deutsch eine der großen Sprachen der Welt ist."[8]

Als Strafe für den Holocaust, bemerkt ein US-Politologe, haben sich „die Deutschen kollektiv entschlossen, die Idee einer deutschen Kultur zu meiden, sie leben in der Illusion, sie seien ein Volk mit einer ökonomischen Zukunft, aber ohne eine kulturelle Vergangenheit".[9]

Noch pulsiert deutsches Leben in Städten und Dörfern, noch sind die Gefahren verdeckt, aber die Gespenster sind da. Millionen Ausländer beherbergt das Land, nicht viele davon haben die Bereitschaft zur Integration. Die große Tradition des Landes, in dem sie leben, ist ihnen einen Pfifferling wert. In vielen Städten, besonders in der Hauptstadt, werden ganze Bezirke von Ausländern beherrscht mit eigenen Läden, Restaurants, Banken, Reisebüros, Anwälten, Videotheken, Kult- und Kulturstätten. Sie brauchen die Deutschen nicht in ihrer autarken Kleinwelt und suchen auch keinen Kontakt. Mitten in unseren Städten entstehen Mikrozentren mit fremder Lebensweise und Kultur, wachsen flächendeckende Fremdkörper heran. Ich sehe die Zeit kommen, wo sie eigene Schulen in der Muttersprache fordern und mit eigenen Parteien ihre Abgeordneten in die Parlamente schicken und Regierungsgewalt beanspruchen.

---

8 Zitat aus der „Londoner Times", „Auch ihre Sprache scheint nach 1945 eine Niederlage erlitten zu haben".
9 Jermey Rafkin in der „Frankfurter Allgemeinen Zeitung" vom 18. November 2000.

Die Ziele sind abgesteckt, mitunter mit Schadenfreude und Feindseligkeit.[10] Die Zeitbombe tickt, und niemand kann ihren Zünder entfernen ...

"Denk ich an Deutschland in der Nacht,
dann bin ich um den Schlaf gebracht.
Ich kann nicht mehr die Augen schließen
und meine heißen Tränen fließen."

Man sieht hinweg, will die Gefahren nicht sehen, spielt sie herunter, beruhigt sich mit dem Begriff der *"multikulturellen Gesellschaft"*, aber Begriff und Erscheinung sind aus der Not geboren.

Ein- und Weitsichtige wissen, dass eine solche Gesellschaft Konflikte und Kämpfe heraufbeschwört und zum Scheitern verurteilt ist.

---

10 Vural Öger, türkischer Spitzenkandidat der Hamburger SPD für die Europawahl 2004, sagt es unverblümt: „Was Sultan Süleyman mit der Belagerung Wiens begonnen hat, werden wir mit unseren kräftigen Männern und geburtenfreudigen Türkinnen verwirklichen." („Junge Freiheit" vom 4. Juni 2004) – Ein gewisser Walid Nakschbandi, Afghane mit deutschem Pass, ein Mann, der es zum TV-Boss gebracht hat, hält allen Blinden und Gutgläubigen unter die Nase, was auf sie zukommt: „Ihr könnt uns herabsetzen, beleidigen, demütigen oder verletzen, aber ihr werdet uns nicht los. Ein Leben ohne uns wird es für euch nicht mehr geben. Die Ibrahims, Stefanos, Laylas und Sorayas sind deutsche Realität. Ihr werdet es nicht verhindern können, dass bald ein türkischsprachiger Richter über euch ein Urteil fällt, ein pakistanischer Arzt eure Krankheiten heilt, ein Tamile im Parlament eure Gesetze mit verabschiedet und ein Bulgare der Bill Gates eurer New Economy wird. Nicht ihr werdet die Gesellschaft internationalisieren, modernisieren und humanisieren, sondern wir werden es tun – für euch. Ihr seid bei diesem leidvollen Prozess lediglich Zaungäste, lästige Gaffer. Wir werden die deutsche Gesellschaft in Ost und West verändern, wir Ausländer." („Süddeutsche Zeitung" vom 19. September 2000) „Das klingt wie eine Kriegserklärung und ist wohl auch so gemeint", meint Heinz Nawratil in seinem oben genannten Buch.

Die Kultur, die die stärkere ist und die die Mehrheit vertritt, wird sich durchsetzen, wobei man – wie die leidvolle Erfahrung unserer Tage belegt – nicht vor Gewalt und Verbrechen zurückschrecken wird, um die Ziele durchzusetzen. Ich habe Angst und sehe mit Schmerzen einer Zukunft entgegen, die das bringen könnte, was Oswald Spengler in seinem Buch „Ende des Ersten Weltkriegs" prophezeit hat: den *Untergang des Abendlandes.*

Ein kleines Lied

Ein kleines Lied

Ein kleines Lied, wie geht's nur an,
Daß man so lieb es haben kann,
Was liegt darin? Erzähle!

Es liegt darin ein wenig Klang,
Ein wenig Wohllaut und Gesang
Und eine ganze Seele.

(Annette von Droste-Hülshoff)

Ich weiß, Gedichte sind nicht jedermanns Sache, viele Menschen haben sogar eine Abneigung gegen die kleinen zarten Gebilde. Ist die Prosa des Lebens schuld, die für Lyrik wenig Platz und Verständnis hat? Liegt es daran, dass es zu viel Mittelmaß unter ihnen gibt? Das Baby muss trinken, der Vogel fliegen, der Jüngling Auto fahren lernen – wer aber nimmt uns an der Hand und führt uns an das Gedicht heran?
Zumeist ist niemand da, der uns dieses Reich erschließt, und so bleibt es uns oft für immer verschlossen ...

Der Komponist hält Zwiesprache mit sich selbst – und im Konzertsaal lauschen Tausende seiner Musik. Der Maler bringt die Welt auf die Leinwand, wie er sie sieht, und dennoch haben die Kunstfreunde Genuss und Gewinn. Mit der Dichtung ist es nicht anders. Der Dichter spricht von sich und seinem häuslichen Kreis, bringt Gefühle zum Ausdruck, die nur ihn anzugehen scheinen, und doch schlägt er eine Brücke zu Tausenden Lesern.

> „Schließe mir die Augen beide
> mit den lieben Händen zu!
> Geht doch alles, was ich leide,
> unter deiner Hand zur Ruh.
>
> Und wie leise sich der Schmerz
> Well' um Welle schlafen leget,
> wie der letzte Schlag sich reget,
> füllest du mein ganzes Herz."

Alles, was im Gedicht geschieht, scheint etwas ganz Subjektives zu sein, aber indem das lyrische Ich sich selbst darstellt, spricht es die Gefühle und Gedanken von vielen aus und wird zum Dolmetsch von Millionen. Das ist ein unerhörter Vorgang, ein einmaliges Ereignis! „Der Dichter ist das Herz der Welt." Joseph von Eichendorff drückt den Sachverhalt in einem einzigen Satz treffend aus.

Auf kleinstem Raum, wie in einer Nussschale, erscheint die Welt zusammengedrängt, werden die Freuden und Leiden, wie sie seit Jahrhunderten von den Menschen erlebt werden, in Reim und Rhythmus und damit in gültige Formen gebracht. Das scheinbar Unmögliche – hier wird's vollbracht.

> „Dû bist mîn, ich bin dîn:
> des solt dû gewis sîn.
> Dû bist beslozzen
> in mînem herzen,
> Verlorn ist daz slüzzelîn:
> Dû muost immer drinne sîn."

Wie viel Poesie und welche Innigkeit liegt in diesen Zeilen! Vor 800 Jahren geschrieben, werden Gefühle und Gedanken ausgedrückt, die uns „modernen" Menschen nicht fremd sind, nur das Mittelhochdeutsch verrät das ehrfürchtige Alter. Ist das „Wunder Gedicht" gelungen, dann flimmert und glitzert es wie ein Edelstein durch die Jahrhunderte.

Es kann über das eigene kleine Reich hinausgehen, die eigene Begrenzt- und Befangenheit aufheben und seine Begegnung mit der großen, weiten N a t u r in Worte fassen.

„Es war, als hätt' der Himmel
Die Erde still geküßt,
Daß sie im Blütenschimmer
Von ihm nun träumen müßt'.

Die Luft ging durch die Felder,
Die Ähren wogten sacht,
Es rauschten leis die Wälder,
So sternklar war die Nacht.

Und meine Seele spannte
Weit ihre Flügel aus,
Flog durch die stillen Lande,
Als flöge sie nach Haus."

Lyrik ist etwas Einmaliges und Wunderbares. Sie hat eine reiche innere Welt. Sie umspannt die ganze Stufenleiter der menschlichen Gefühle und Empfindungen. Sie verkörpert die Vielfalt und Schönheit des Lebens. Sie ist voller Überraschungen. Man muss sie einfach lieben.

Nein, das Gedicht muss sich nicht verstecken. Man kann es getrost an die Seite der größten Erfindungen stellen, es ist so bedeutend wie das Auto, das Flugzeug, das Raumschiff. Die stolzen Wolkenkratzer, die hoch in den Himmel aufsteigen, werden eines Tages gesprengt oder sie werden zerfallen, die schnittigsten Mercedes oder Porsches werden eines Tages auf dem Müllplatz ihr Leben aushauchen – das gelungene Gedicht aber, das wird nicht vergehen. Es wird über Jahrhunderte leben. „Was bleibt, stiften die Dichter." *(Hölderlin)*

„Jedes Gedicht ist gewissermaßen ein Kuss, den man der Welt gibt", meint Goethe, doch er setzt hinzu: „Aber aus bloßen Küssen werden keine Kinder." Ja, ein Gedicht kann noch so schön sein, aber materiellen Gewinn bringt es nicht, es stellt sogar Ansprüche, große Ansprüche, und steht vielleicht deshalb bei vielen Menschen nicht hoch im Kurs. Darüber klagte schon Goethe:

„Deutschland fragt nach Gedichten nicht viel; ihr kleinen Gesellen, Lärmt, bis jeglicher sich wundernd ans Fenster begibt."

Hören Sie den Lärm, den sie machen? Hat er schon Ihr Gemüt erreicht und erweicht?
Sie wollen sich die kleinen Gesellen zu Freunden machen?
Ich wusste es, Sie werden sich das „Wunder Gedicht" nicht entgehen lassen und stehenden Fußes einen Auswahlband mit Gedichten besorgen oder gleich zu Goethe, Heine, Eichendorff oder Rilke greifen. Eine größere Freude können Sie sich kaum machen. Sie wird lange anhalten und Sie immer wieder beleben.
Wer sind übrigens die Dichter in unseren Beispielen? Haben Sie sie erkannt?

Heimat

Mein Großvater, der eine Windmühle betrieb und tatsächlich M o r i t z hieß, und meine Großmutter, die nur ganz starken Kaffee trank und M a r i e gerufen wurde, obwohl sie auf den Namen Pauline getauft worden war, die hatten noch Heimat, die Glücklichen. Heimat, das war ihr kleines Häuschen, mehr Hütte als Haus, das sich in die Landschaft duckte, als fürchtete es die Unwetter und Herbststürme, die über den Hügel fegten, auf dem ihr Anwesen stand.

Das war die Windmühle, die im Winde krächzte und stöhnte, und das Mühlrad, das Mehl und Schrot lieferte, das ganze Jahr hindurch. Das war das Feld, wo die Kartoffeln standen, das Getreide, die Rüben und das Gemüse für sich und das Vieh. Das war der Kater, der in Mühle und Haus die Mäuseplage in Grenzen hielt, und der Hund, der Heim und Hof bewachte und anschlug, sobald sich ein Fremder nahte.

Das waren auch die Maikäfer, die abends über den Hof schwirrten zum Gaudi der Kinder, die Schwalben, die im warmen Kuhstall ihre Nester bauten und manchmal im Hausflur sogar.

Heimat, das war das kleine Dorf mit seinen 200 Seelen, das waren die weiten Felder ringsum und die Wälder, die an das Dorf grenzten; das war der Bach, der sich durch das Dorf zog und der bei der Schneeschmelze im Frühling so bedrohlich anwachsen konnte.
Heimat, das waren die Frühlingsstürme und die Sommersonnenglut und das Schneetreiben im Winter.

Das war der sonntägliche Kirchgang und das Schwätzchen mit den Nachbarn, das war der Umzug zum Erntedankfest und der

Dorfkrug, wo es zur Kirmes hoch herging ... Heimat ist Geborgenheit. Man steht in der Landschaft und mit den Menschen auf Du und Du. HEIM und HEIMAT sind miteinander verwandt: „heimuoti" hieß es bei den alten Germanen, „heimuot" in mittelhochdeutscher Zeit. Da ist man HEIMISCH, da geht's einem gut.

> Der Mensch braucht ein Plätzchen, und sei es noch so klein,
> von dem der Mensch sagen kann, dieses ist mein.
> Hier leb' ich, hier lieb' ich, hier ruh' ich mich aus,
> hier ist meine Heimat, hier bin ich zu Haus.

Das schrieb mir meine liebe Großmutter ins Stammbuch, „Zum liebenden Gedenken" und zur Beherzigung, falls es mich einmal in die große, weite Welt hinaustreiben sollte. Sie selbst war kaum über ihr Dörfchen hinausgekommen.

Ein Fahrrad gab es noch nicht und zu Fuß war es schon bis zum nächsten Nachbardorf etwas beschwerlich, wenn die Beine nicht mehr so recht gehorchen wollten.

Die nahe Großstadt besuchen? Was sollte man dort? Geld ausgeben, das man nicht hatte? Sich Gefahren aussetzen, sich im Großstadttrubel verlieren und sich klein und zurückgeblieben fühlen? Die ländliche Abgeschiedenheit war überschaubar, freundlich, vertraut, heimisch. Die Großstadt, das war Fremde, Unsicherheit, Sittenlosigkeit. Unvorstellbar, keine Heimat zu haben. Sie war alles: Heimstatt, Hort und Segen.

Wie weit reichte eigentlich Heimat? Umschloss sie mehr als Herd, Haus, Hof und das Dorf mit den Feldern, Wiesen und Wäldern? Für meine Großeltern war nicht einmal die Leipziger Tieflandbucht Heimat. So weit weg waren sie zwar gar nicht, die kleinen

Städtchen Colditz, Oschatz, Naumburg, Weißenfels, Torgau und Merseburg, aber sie waren eben viel weiter, als das Auge reichte. Am Horizont war die Heimat zu Ende. Dort begann eigentlich schon die Fremde. Heimat, das ist auch Enge und Beschränkung – und auch Beschränktheit. Sechzig Jahre nach meinen Großeltern habe ich die Dorfschule besucht, und verlassen habe ich sie so arm und dürftig wie sie. Mit den vier Grundrechnungsarten und der Prozentrechnung wurde ich „in das Leben" entlassen, viel hatte sich in diesen sechs Jahrzehnten gar nicht verändert.

Und war Heimat wirklich so sehr Idylle und Beschaulichkeit, wie es die Lieder besingen und wie es vielleicht auch anklingt in meinem Bericht? Wer das Dorf kennt, weiß um die Härte und Mühsal der menschlichen Existenz. „Kommt her zu mir, die ihr mühselig und beladen seid, ich will euch erquicken." Es wäre seltsam, wenn der Evangelist Matthäus diese Worte gebraucht hätte, ohne die Arbeit mit all ihren Mühen und Beschwernissen zu kennen und einzuschließen.

Und war das Dorf wirklich eine einzige große Gemeinschaft? Gab es in ihm nur Gleichgesinnte? Der Regen fließt nirgends nach oben. Blickte etwa niemand auf die Kleinbauern und Häusler herab? Tanzte der Großbauernsohn zur Kirmes mit einer Magd? Nickte der Gutsinspektor wenigstens mit dem Kopfe, wenn er in seiner eleganten Kutsche vorbeifuhr und man ihn demutsvoll grüßte? Und der Knecht, der bei den Tieren im Stalle schlief, war für ihn das Dorf wirklich Heimat? Entfremdung immer und überall, auch auf dem Lande.

In unserer Zeit ist alles ganz anders geworden. Wo gibt es heute noch Heimat? Die Grenzen zwischen den Ländern fallen, der Horizont ist weit geworden, unendlich weit, und wird nicht mehr durch

„Heimat" begrenzt. Die Welt ist zusammengerückt und kleiner geworden, das Fernsehen dringt in die entferntesten Winkel und macht uns zu Augenzeugen überall in der Welt. Wer wollte wegschauen, „wenn hinten, weit in der Türkei, die Völker aufeinanderschlagen" oder wenn irgendwo die Menschenrechte mit Füßen getreten werden? Fremdes Leid wird zur eigenen Trauer, fremde Freude macht uns selber froh.

Weltkenntnis, Weltoffenheit und Weltbürgertum sind heute gefragt. Sie machen uns reicher und bringen uns auch ein neues Verhältnis zu unserem eigenen Lande. Wer andere Völker, Sprachen und Kulturen kennt und achtet, dem wird jeder Nationalismus fremd sein, und er wird engstirnige Heimat-und Vaterlandsliebe als Provinzialismus empfinden.

Es hat ein Umdenken eingesetzt. Wer fragt nach Heimat, wenn er Arbeit hat, gleichgültig an welchem Ort, wo er seine Fähigkeiten und Talente erproben und entfalten kann, die ihm ein gutes Leben sichern? „Nur wer in Wohlstand lebt, lebt angenehm."

Wer fragt nach Heimat, wenn er einen wunderbaren Partner an seiner Seite hat und dazu Kinder, die ihm Freude machen? Wer also fragt nach Heimat, wenn er ein gutes Auskommen hat und eine Familie, die ihm alles ist und alles bietet: Freude, Frohsinn und Geborgenheit?

Frage den Bibliothekar, der ein Weltreich verwaltet, dem seine ganze Liebe gehört, dem die Stimmen der Jahrhunderte und Völker eine wirkliche Heimstatt bedeuten, ob er „Heimat" braucht! Er wird auf seine Bücher, seinen Reichtum zeigen, wo Tausende zu ihm reden, die ihm Vertraute und Freunde sind, und er wird dir sagen: „Hier ist mein Reich, hier ist meine Heimat."

Heimat ist dort, wo ich mich wohlfühle, wo es mir gut geht, wo ich geachtet werde und Menschen- und Bürgerrechte genieße.

Aber Fortschritt und Zivilisation haben ihren Preis. Wo ist im Wolkenkratzer Geborgenheit? Können die Großstädte Heimat sein? Kann man sich in einer Zehnmillionenmetropole heimisch fühlen? „Seid umschlungen, Millionen, diesen Kuss der ganzen Welt." Fremdheit und Heimatlosigkeit lassen den Kuss nicht zu, die Verbrüderung findet nicht statt.

Und ich in meinen drei Zimmern mit 64 m² im 8. Stock des größten Wohnblocks, den es in Deutschland gibt und der 2.000 Mitbewohner zählt, die Asozialen eingeschlossen – kann i c h von Heimat sprechen?

Ich kann in unseren Garten ausweichen, eine kleine liebenswerte Oase von 600 m², mit einem Gartenhaus, wo wir fünf Monate wohnen und Frühling, Sommer und Herbst hautnah erleben können und wo die Kohlmeisen sich das Futter aus meiner Hand holen. Ich lebe im Ausnahmezustand, habe eigentlich kein Mitspracherecht. Pachtland ist es allerdings, ein geborgtes Paradies, kein eigener Boden, doch das kann mein Glück nicht mindern. Braucht Heimat eigene Scholle?

Es ist nicht leicht, ohne Heimat zu leben. Was bleibt, sind die Freunde, die Vertrauten. „Der Reichtum eines Menschen sind seine Freunde." Wie recht hat doch unser Humboldt, aber können Freunde Heimat sein? Die Sehnsucht bleibt, die Sehnsucht nach Heimat. Man sucht Ersatz, im Urlaub auf dem Bauernhof, im Zelt am stillen, verträumten See, in der Ferienhütte hoch oben in den Bergen. Viel ist es nicht, was uns geblieben ist.

Kurzzeitige Illusionen. Ersatzgefühle. Selbsttäuschungen. Sie gehören zu den Überlebensstrategien des Neuzeitmenschen.

Es hilft nichts, wir müssen ohne Heimat auskommen, auch die Künstler. Sie trifft es besonders hart. Der Kunstfreund, an Tradition und klassischem Vorbild geschult, steht erschüttert vor vielen Gemälden der modernen Kunst. Linien, Kreise, Quadrate sind an die Stelle von Menschen getreten, frech blickt uns das nackte Chaos an. Es ist entwurzelte, es ist heimatlose Kunst. Millionen Dollar bringen bei Versteigerungen die Picassos, Chagalls und Kandinskys ein?

Diese Preise können nur die Händler und Geldsäcke täuschen. Die Gemälde mögen Wert haben, nur Seele haben sie nicht.

Wir sind aus der Heimat vertrieben, aber es kann noch schlimmer kommen. Wir sind dabei, D e u t s c h l a n d aufzugeben. Nationalgefühl und Nationalstolz werden missachtet oder getilgt und ohne Vernunft und Scham der Weg zu einer „multikulturellen Gesellschaft" freigemacht.

>„Denk ich an Deutschland in der Nacht,
>Dann bin ich um den Schlaf gebracht.
>Ich kann nicht mehr die Augen schließen
>Und meine heißen Tränen fließen."

Die Verse Heinrich Heines haben einen neuen Inhalt bekommen. Wer fällt den Politikern in den Arm? Wer stoppt die verhängnisvolle Politik?
Wer gibt dem VEREINTEN EUROPA menschliche Züge?

Ostern

Ostern, das erste große Fest im neuen Jahr, das Frühlingsfest, nun endlich ist es da! Die Macht des Winters ist gebrochen: *Vom Eise befreit sind Strom und Bäche durch des Frühlings holden, belebenden Blick, im Tale grünet Hoffnungsglück, der Winter in seiner Schwäche zog sich in rauhe Berge zurück.*

Schon die alten Germanen haben es gefeiert, doch was bedeutet es eigentlich? Wenn es die altenglischen Texte nicht gäbe, wenn sie verloren gegangen wären, wüssten wir's gar nicht. Es war der Göttin E o s t r a e geweiht, der Göttin des L i c h t s. Danke, altenglische Texte, ihr habt uns den Namen bewahrt. Nun wissen wir, woher der Name kommt und was er bedeutet.

Wir sind froh, dass sich der Winter in raue Berge zurückgezogen hat. *Sein Schloss von Eis liegt ganz hinaus, beim Nordpol an dem Strande; doch hat er auch ein Sommerhaus, im lieben Schweizerlande.* Dort kann er bleiben für längere Zeit, wir vermissen ihn nicht. *Übern Garten durch die Lüfte hört ich Wandervögel ziehn; das bedeutet Frühlingsdüfte, unten fängt's schon an zu blühn ...* –

Sträucher und Bäume schmücken sich mit dem ersten zarten Grün. *Es dringen Blüten aus jedem Zweig und tausend Stimmen aus dem Gesträuch. Und Freud' und Wonne aus jeder Brust. O Erd, o Sonne! O Glück, o Lust!* Reich geschmückt ist die Natur noch nicht. alles ist noch im Werden. *Es läuft der Frühlingswind durch kahle Alleen, seltsame Dinge sind in seinem Wehn.* Wir müssen warten und uns in Geduld üben, bis alles bunt und schön ist. An Blumen fehlt's im Revier; wir nehmen mit den Schneeglöckchen vorlieb, die sich aus der Erde wagen.

Veilchen träumen schon, wollen balde kommen. Horch, von fern ein Harfenton – ja Frühling, du bist's, dich habe ich vernommen.

Nichts ist geblieben vom kalten Winterhauch, eine wohlige wohltätige Strömung kommt aus dem Süden. *Die linden Lüfte sind erwacht, sie säuseln und weben die ganze Nacht, sie schaffen an allen Enden.* Verdrängt sind die dunklen düsteren Wolken, heiter zeigt sich der Himmel mit herrlichem Blau. *Frühling lässt sein blaues Band wieder flattern durch die Lüfte; süße, wohlbekannte Düfte streifen ahnungsvoll das Land.*

Auch die Großstadt wird vom Lenz erfasst: *Er ist durch die Straßen gestürzt und hat ihre steinerne Glätte mit Gelb und mit Grün gewürzt.* Selbst das graue Kopfsteinpflaster wird besiegt, zwischen den Steinen spießt zartes Grün.

Er verließ die Straßenbahngleise und sitzt fast mitten im Wald und malt zu beiden Seiten der Schneise das Grün und drüber Kobalt.

Die Natur erneuert sich, legt ein farbenprächtiges Kleid an. *Überall regt sich Bildung und Streben, alles will sie mit Farben beleben.* Wir ziehen ohne Sorgen hinaus in den Morgen. O *frischer Duft, o neuer Klang! Nun, armes Herze, sei nicht bang, nun muss sich alles, alles wenden.* Mein Herz jubiliert mit der Natur. *Leise zieht durch mein Gemüt liebliches Geläute, klinge, kleines Frühlingslied, kling hinaus ins Weite.*

Wir brechen zum Osterspaziergang auf, denn jeder sonnt sich heute so gern, sie feiern die Auferstehung des Herrn. Man zieht hinaus in Feld und Flur, streift durch neu begrünte Täler, Höhen und Wälder. *O Täler weit, o Höhen, o schöner, grüner Wald, du meiner Lust und Wehen andächt'ger Aufenthalt!*

Am Abend kommen alle im Garten zum Osterfeuer zusammen, die Freunde und Nachbarn, alle sind sie gekommen, das schöne Fest zu begehen. Die Scheite sind aufgetürmt, der Grill ist angeworfen. Rauch zieht durch die Haselnusssträucher, an dem lustig im Winde die Ostereier baumeln. Heitere Geselligkeit macht die Runde. Lieder schallen durch die Nacht. Alle sind heiter, sorglos und voll Freude. *Hier ist des Volkes wahrer Himmel. Zufrieden jauchzet Groß und Klein: Hier bin ich Mensch, hier darf ich's sein."*

Wer soll den Frühling besingen, wenn nicht unsere Dichter? Den berühmten „Osterspaziergang" von Goethe kennt fast jedermann – oder doch nicht? –, aber in der kleinen Osterbotschaft haben sich noch sieben andere Dichter versteckt. Wer sie findet, bekommt einen Taler. Wer sich davor drückt und es gar nicht versucht, muss zwei zahlen. Wer aber in der Lage ist, e i n Gedicht von den zehn Gedichten aus dem Stegreif vorzutragen, dem bringt der Osterhase ein Riesenosterei frei Haus – und dazu einen Band mit den schönsten Gedichten!

Aphorismen

Ich liebe diese leichtfüßigen Gesellen. Weil sie heiter-beschwingt und in so schöner Gestalt daherkommen. Weil sie die Dinge beim Namen nennen und nicht um den heißen Brei herumreden. Weil sie die Widersprüche aufspießen, die in den Dingen und Verhältnissen enthalten sind. Weil sie uns die Augen öffnen, wo wir nicht zu sehen verstehen. Weil sie uns die menschlichen Eitelkeiten so schön unter die Nase reiben. Weil sie uns lachend die Wahrheit sagen. Weil sie in prägnanter Form das bringen, wozu andere ganze Bände brauchen. „Der Aphorismus ist für eine lange Gedankenkette der kürzeste und schönste Faden." *(C. A. Enge)*
Ein Wunder ist es daher nicht, dass er schon in der Antike bei den Dichtern und Philosophen gängige Münze war und auch in unseren Breiten sich großer Beliebtheit erfreut. Georg Christoph Lichtenberg (1742–1799) und Karl Kraus (1874–1936) waren darin wahre Meister.

„Friseurgespräche sind der unwiderlegbare Beweis, dass die Köpfe der Haare wegen da sind." „Nach Ägypten wär's nicht so weit. Aber bis man zum Südbahnhof kommt." „Ein Gedicht ist so lange gut, bis man weiß, von wem es ist." „Wes das Herz voll ist, des geht der Mund über." „In der Nacht sind alle Kühe schwarz, auch die blonden."
„Schein hat mehr Buchstaben als Sein." „Ein Schein von Tiefe entsteht oft dadurch, dass ein Flachkopf zugleich ein Wirrkopf ist." *(Karl Kraus)*

„Wenn ein Buch und ein Kopf zusammenstoßen und es klingt hohl, ist das allemal im Buch?" „Unter die größten Entdeckungen, auf die der menschliche Verstand in den neuesten Zeiten gefallen ist, gehört meiner Meinung nach wohl die Kunst, Bücher zu beurteilen,

ohne sie gelesen zu haben." „Dass in den Kirchen gebetet wird, macht deswegen die Blitzableiter auf ihnen nicht unnötig." „Er war ein vortrefflicher Junge; als er kaum sechs Jahre alt war, konnte er schon das Vaterunser rückwärts herbeten." „Von Wahrsagen kann man wohl leben, aber nicht von Wahrheit sagen." „Wir verbrennen zwar keine Hexen mehr, aber dafür jeden Brief, worin eine derbe Wahrheit gesagt wird." „Man kann die Fackel der Wahrheit nicht durch die Menge tragen, ohne einigen den Bart zu versengen."
(Georg Christoph Lichtenberg)

Alles findet sich beim Aphorismus: Beobachtungen, Überlegungen, Feststellungen, Meinungen, Urteile, „Einfälle, verdaute und unverdaute" *(Lichtenberg)*. Nicht „ewige Wahrheiten" werden verkündet, sondern die eigene Sicht auf Menschen und Welt. Das macht ihre Originalität und ihren Reiz aus. Manche Gedanken gehören dem Tag an und überdauern dennoch die Zeiten. Die subjektive Sicht schließt Allgemeingültiges nicht aus. Das Objekt, würde unser Hegel jubeln, wird durch das Subjekt überlistet und bezwungen. Sie urteilen und richten ohne Ansehen der Person. Sie scheuen keine Ächtung und keinen Bannfluch. Man wird nicht müde, Loblieder auf die kritisch-schelmischen Gesellen zu singen.

Dass sie die ganze Welt erobert haben, muss nicht noch betont werden. Überall in den weiten Landen sind Verstand und Witz zu Hause, ja, „Witz" ist das treffende Wort, wie es ab dem 17. Jahrhundert unter dem Einfluss von frz. „esprit" als „Gabe des geistreichen Formulierens" verstanden wird. Überall nehmen sie die menschlichen Schwächen und die gesellschaftlichen Gebrechen aufs Korn.

„Man kann die Liebe am besten mit dem Fieber vergleichen: über beides haben wir keine Macht, sowohl was die Heftigkeit als was die Dauer anbelangt." *(La Rochefoucauld)* „Den Blick in eine

Welt kann man auch mit einer Zeitung versperren." *(St. J. Leo)* „Die Religion verspricht den Gläubigen eine Luxuswohnung im Himmel, ohne ihnen eine genaue Adresse anzugeben." *(Aleksander Świętochowski)* „Männer haben vielleicht das Feuer erfunden, Frauen aber, wie man damit spielt." *(C. Bradshaw)* „Der Flirt ist eine Kunst, einer Frau in die Arme zu sinken, ohne ihr in die Hände zu fallen." *(S. Guitry)* „Auch die schönsten Beine haben irgendwo ein Ende." *(J. Tuwin)* „Mit der Liebe ist es wie mit einer Suppe. Die ersten Löffel sind immer zu heiß und die letzten zu kalt." *(J. Moreau)* „Eine anständige Frau ist eine Dame, die weiß, was sie nicht wissen darf, obwohl sie es weiß." *(J. P. Belmondo)* „Die Fantasie der Männer reicht bei Weitem nicht aus, die Wirklichkeit einer Frau zu begreifen." *(A. Magnani)* „Aufs hohe Ross setzen sich meistens diejenigen, die nicht reiten können." *(F. Beutelrock)* „Der Mensch kann wohl die höchsten Gipfel erreichen, aber verweilen kann er dort nicht lange." *(G. B. Shaw)*

Kommen diese Aphorismen wirklich aus anderen Ländern? Bei flüchtiger Durchsicht der Aphorismen von Mark Aurel über Voltaire bis zu Bernard Shaw lässt sich wenig nationale Färbung ausmachen. Eine Studie, inwieweit das generell zutrifft, steht noch aus. Wer geht daran und verdient sich internationale Sporen?

Hast du dich schon einmal im Aphorismus versucht? Er sei zu schwierig, nur etwas für Dichter und Philosophen, also für „Leute vom Fach"? Du bist kein Lessing oder Lichtenberg, gewiss, aber versuchen könntest du es. Es ist freilich das Einfache, was schwer zu machen ist. Es geht ihm wie dem großen Bruder, dem Feuilleton.

Das Feuilleton kommt auch so leichtfüßig daher, dass man glaubt, es wäre gar nicht viel, was es bietet, ein bisschen aufgeblasene Luft sozusagen. Man könnte glauben, jedermann könnte Feuilletons schreiben, doch so leicht ist es nicht. Die meisten Menschen wissen nicht, wo die Luftpumpe liegt.

Ja, unvermittelt und ungewollt gerät man in den Aphorismus, so ansteckend ist er. Du solltest es auch einmal versuchen, ist er doch ein wunderbares Mittel der Selbstverständigung: mit seiner Hilfe kann man sein Verhältnis zu Menschen und Welt abstecken und bestimmen. Schöpferische Tätigkeit ist es auch im hohen Maße und damit auch ein Stück Selbstverwirklichung: man kann seine Kräfte und Fähigkeiten erproben und entwickeln. Stelle dein Licht nicht unter den Scheffel und beginne mit einfachen Dingen, die dir begegnen, und spüre die offensichtlichen Widersprüche in den Objekten auf, es wird dir große Freude machen. Wollen wir ein paar Beispiele wagen?

Ein Mädchen geht dir auf die Nerven, weil sie nur plappert und schwatzt; man könnte denken, sie braucht gar kein Hirn. Also notierst du in dein Aphorismenbuch: „Ihre Zunge war so intelligent, dass sie ohne Gehirn auskam. Der Schwatzhaftigkeit nach zu urteilen saß ihre Intelligenz in der Zunge." Und schon bist du vom Übel erlöst.

Das Handy ist gegenwärtig eine regelrechte Plage und Seuche geworden; die Menschen glauben, dass sie ohne dieses Gerät nicht mehr leben können; selbst Kinder von fünf Jahren haben dieses Kommunikationsmittel für sich entdeckt. „Die Auffassung, dass sich in unserer Gesellschaft in den Beziehungen zwischen den Menschen immer mehr Kälte ausbreite, ist zu bezweifeln. Ob im Wartezimmer oder beim Spaziergang, im Bett oder auf der Toilette, immer und überall greift man zum Handy."

Du bist empört, wie die Neonazis mit populistischen Losungen auf Dummenfang ausgehen. „Rückführung der Ausländer in Würde in ihre Heimatländer!" haben die Rechten auf ihre Fahnen geschrieben. Aber was steht auf der Rückseite ihrer braunen Standarte?

Manche sinfonische Musik der Moderne ist dir ein Gräuel? „Aufgabe der Kunst von heute ist es", schreibt deshalb W. Adorno, „Chaos in die Ordnung zu bringen." Wie könntest du ausdrücken, dass sie dir nichts gibt? „Hätte Gott die sinfonische Musik der Moderne vorausgeahnt, hätte er uns wahrscheinlich nur e i n Ohr gegeben."

Du liest in der Zeitung, wie selbstgefällig sich ein führender Politiker aufführt, und bringst es in den Zusammenhang mit seiner fragwürdigen Nahostpolitik: „Der Ministerpräsident eines Nahoststaates hat seine Haushalthilfe wutschnaubend auf die Straße gesetzt, weil sie die Suppe hat anbrennen lassen. Es ist zu befürchten, dass er nicht nur im eigenen Hause noch manches Porzellan zerschlägt, sondern auch noch viel Unglück über die Menschen bringt."

Du liebst die bildende Kunst, dir missfällt jedoch, wie in der abstrakten Malerei das Menschenbild entstellt und verzerrt wird, und machst deinem Unmut mit einem Aphorismus Luft: „Mich wundert, dass der Klerus die abstrakte Kunst noch nicht in Acht und Bann gelegt hat. Hinter jedem Gemälde hockt der Teufel und spottet über Kunst und Moral."

Habe ich dir Mut gemacht? Der eigene Aphorismus wird dir viel Freude machen. Und nimm die Werke der Meister zur Hand, ihre Aphorismen sind Höhepunkte des freien Denkens und souveräner Sprachbeherrschung; Verstand und Sinne werden geschärft und Geist und Gemüt unendlich bereichert. Sie sind Schätze, die immer wieder gehoben und erobert werden müssen.

Habe ich etwa Goethe vergessen? Das ist fast unverzeihlich. In Zeitschriften und Büchern hat er immer wieder Aphorismen eingeschoben. In seinem Nachlass fand sich ein Karton mit der Überschrift „Gedankenspähne". Die Nachlassverwalter Eckermann und Riemer haben sie dann unter dem anspruchsvollen Titel „Maximen und Reflexionen" herausgegeben.

Der dialektische Widerspruch in den Dingen und Erscheinungen war es, der den Meister immer wieder reizte und uns mitunter verblüfft. „Von Natur besitzen wir keinen Fehler, der nicht zur Tugend, keine Tugend, die nicht zum Fehler werden könnte. Diese letzten sind grade die bedenklichsten." Über diesen Aphorismus kann nachgedacht werden.
„Die Irrtümer eines Menschen machen ihn eigentlich liebenswürdig." Ist das schon einmal gedacht worden? Dieser Gedanke wird sogar noch gesteigert: „Der liebt nicht, der die Fehler des Geliebten nicht für Tugenden hält." Mitunter reichen Goethes Aphorismen an Sprichwörtliches heran. „Wer das erste Knopfloch verfehlt, kommt mit dem Zuknöpfen nicht zurecht." Es findet sich in seiner Sammlung auch manche Spitzbüberei. „Man muss eine Sache gefunden haben, wenn man wissen will, wo sie liegt."

Nimm dir seine „Maximen und Reflexionen" vor. Diesen Schatz mit mehr als 1.200 „Gedankenspähnen" über Gesellschaft, Kunst und Naturwissenschaft solltest du dir nicht entgehen lassen. Du wirst aus dem Staunen nicht mehr herauskommen.

Ich bin Deutscher

Kaiserin Maria Theresia, immer besorgt um ihre Kinder, mahnte ihre Tochter Maria Karoline, die 16-jährig ins Königreich Neapel verheiratet worden war, sie solle nie vergessen, dass sie Deutsche sei und die Eigenschaften bewahren müsse, die unser Volk charakterisieren: Redlichkeit und Treue.
Das will ich glauben, diese Eigenschaften sind bis heute in uns lebendig geblieben. „Üb immer Treu und Redlichkeit bis an dein kühles Grab ..." Im Lied erscheint es, weil diese Tugenden vom Volk hoch geschätzt werden.
Rechtschaffenheit, Treue und Beständigkeit – das lehrte uns schon der Weihnachtsbaum. Was man von Kindheit an hört, kann nicht so leicht verloren gehen. Ja, Redlichkeit ist ein großer Schatz, ich bekenne mich gern dazu und ich glaube, dass sie Allgemeingut unseres Volkes ist.

Wer nichts von deutscher Wesensart weiß, muss unsere Volkslieder hören. Sie sind, meint schon Herder, „ein wahrer Kommentar der Denk- und Empfindungsweise des Stammes oder gleichsam selbst Stamm und Mark der Nation." Das glaube ich aufs Wort, man spürt in ihnen den Geist und die Seele unseres Volkes, wenn die alten vertrauten Weisen voll Innigkeit erklingen: „Am Brunnen vor dem Tore ...", „Kein schöner Land in dieser Zeit ...". Viele sind im 19. Jahrhundert entstanden und eine ganze Reihe stammt von unseren Dichtern. „In einem kühlen Grunde ..." und „O Täler weit und Höhen ..." sind von Eichendorff; „Sah ein Knab ein Röslein stehn ..." ist von Goethe; „Ich weiß nicht, was soll es bedeuten ..." von Heine; „Der Mond ist aufgegangen ..." von Matthias Claudius. Die „deutsche Romantik" ist nicht tot, sie lebt in den Liedern, sie lebt in uns selbst, sie hat sich in unsere Seelen niedergeschlagen, und wir bekennen uns auch gern dazu. Sie gehört zu unserem Wesen.

Künstler und Philosophen,
welche die große Tradition begründet,
zur Blüte gebracht und weitergeführt haben:

Literatur	**Philosophie**		**Feuerbach**
		Liszt	Feuerbach
		Brahms	Tischbein
Luther	Leibniz	Strauß, R.	Preller d. Ä.
Erasmus	Kant	Bruch	Kügelgen
Reuchlin	Fichte	Bruckner	Overbeck
Hutten	Schelling	Mahler	Graf
Lessing	Hegel	Reger	Carus
Klopstock	Feuerbach	Orff	Dahl
Herder	Marx	Hindemith	Koch
Wieland	Schopenhauer	Blacher	Carolsfeld
Goethe	Nietzsche	Dessau	Böcklin
Schiller	Jaspers	Schönberg	Menzel
Hölderlin	Heidegger	Furtwängler	Richter
Heine	Bloch		Spitzweg
Eichendorff			Leibl
Büchner	**Musik**	**Bildende Kunst**	Friedrich
Storm			Corinth
Raabe	Gluck	Dürer	Slevogt
Fontane	Händel	Holbein d. Ä.	Runge
Hauptmann	J. S. Bach	Holbein d. J.	Liebermann
May	Bachs Söhne	Cranach d. Ä.	Blechen
Rilke	Haydn	Riemenschneider	Schwind
Th. Mann	Mozart	Vischer	Schadow
H. Mann	Telemann	Krafft	Lenbach
Hesse	Beethoven	Baldung(Grien)	Klinger
A. Zweig	Schumann	Grünewald	Barlach
St. Zweig	Mendelssohn-	Altdorfer	Kollwitz
Feuchtwanger	Bartholdy	Schongauer	Waldmüller
Brecht	Nicolai	Schlüter	Rayski
Kafka	Lortzing	Rietschel	Dix
Böll	Offenbach	Dannecker	Tübke
	Weber	Rauch	

Nirgends in Europa war die Romantik eine solch mächtige kraftvolle Bewegung wie in Deutschland, auf allen Gebieten der Kunst hat sie reiche Früchte gebracht. Wir finden sie in den Gedichten Heines und Eichendorffs, in den Werken von Carus, C. D. Friedrich, Ludwig Richter, Böcklin und in der Musik von Schumann über Mendelssohn Bartholdy bis zu Brahms. Wir sind so froh über diesen Reichtum, und man kann es uns nicht verdenken, dass wir stolz darauf sind. Lesen wir die Gedichte, sehen wir die Bilder der Romantik, erklingt diese Musik, da sind wir bei uns selbst angelangt, da wissen wir: Deutsches Wesen, das ist kein leerer Wahn. Es hat sich vor Zeiten herausgebildet und sich über Jahrhunderte hinweg erhalten.

Ja, durch die Jahrhunderte, denn es reicht weit zurück, schon bei Albrecht Dürer ist es sichtbar. Er war ein universeller Künstler und hat auf seiner Italienreise die großen Werke der Renaissance in sich aufgenommen, aber nie hat er seine spätgotische Tradition mit ihrer Innerlichkeit und ihrem Gemütsreichtum aufgeben. Sie macht gerade das Wesen seiner Kunst aus, und es beglückt uns Heutige, dass wir sie in den alten Bildnissen und Gemälden nacherleben können. „Am deutschen Wesen wird noch mal die Welt genesen." Dieser Missbrauch schmerzt uns, er ist der Großmannssucht derer geschuldet, welche die Macht in ihrem Interesse missbrauchten. Diese Selbstüberhebung ist dem Deutschen fremd, die imperiale Machtpolitik hat mit dem einfachen Volk nichts zu tun. Wir lassen nicht zu, dass unsere große kulturelle Tradition durch chauvinistische Kräfte entstellt und entweiht wird.

Wir Deutschen sind schon ein wunderliches Volk. Die Franzosen haben ihre Revolutionen gemacht, die Engländer ein Weltreich erobert – und wir Deutschen?

Wir haben Kunst und Philosophie entwickelt. „Während die Deutschen sich mit der Auflösung philosophischer Probleme quälen", notierte Goethe, „lachen uns die Engländer mit ihrem großen praktischen Verstande aus und gewinnen die Welt." Auch Friedrich Hölderlin beklagt diese Haltung; als 20-Jähriger errichtet er, angesichts der Französischen Revolution, gemeinsam mit Hegel und Schelling einen Freiheitsbaum.

AN DIE DEUTSCHEN

Spottet ja nicht des Kinds, wenn es mit Peitsch' und Sporn
Auf dem Rosse von Holz mutig und groß sich dünkt,
Denn, ihr Deutschen, auch ihr seid
Tatenarm und gedankenvoll.

Napoleon und das französische Revolutionsheer fallen ins Land ein, der deutsche Kaiser in Wien legt die Krone nieder, das Reich zerbricht – und in dieser Zeit veröffentlicht Goethe seinen „Faust", Hegel die „Phänomenologie des Geistes" und Beethoven schreibt die heroische „Eroica" und beginnt die Schicksalssinfonie zu schreiben; seine berühmte „Fünfte". Deutsche Kunst und Philosophie machen Epoche.

Hier ist deutsche Größe zu finden und nicht in Politik und Geschichte. Lessing, Kant, Goethe, Schiller, Hegel und Beethoven haben Gedanken im Herzen getragen, die so groß sind wie die Welt. Ihre Ideen künden von einer neuen, besseren Welt. „Seid umschlungen, Millionen ..." – die humanistische Botschaft der Menschenverbrüderung leitet noch heute die Menschen in der ganzen Welt. Sie verkörpern deutsche Größe, drücken „deutsches Wesen" aus und geben uns Glauben und Hoffnung für die Zukunft. Unsere Literatur und Kunst machen uns froh und glücklich und geben uns Zutrauen und Glauben an uns selbst. Beim historischen Rückblick mag sogar ein bisschen Schadenfreude aufkommen: Das britische Weltreich ist nach dem Zweiten Weltkrieg wie ein Kartenhaus in sich zusammengebrochen, doch der „Faust" und Beethovens „Neunte" mit der Idee der Menschenverbrüderung erobern immer mehr Herzen in der Welt.

Manchmal könnte man glauben, im Deutschen sitzt noch etwas vom „gehörnten Siegfried" und den Helden der alten Sagen und Epen.

Da sitzt man im Konzertsaal, denkt an nichts Übles, gleich gar nicht an die leidige Politik, man will nur von Richard Strauß EIN HELDENLEBEN hören – und plötzlich ist man mitten im Deutschtum und wird an Eigenschaften erinnert, die uns nicht mehr so sehr schmeicheln wollen.

Ein Riesenorchester mit 140 Musikern, einem Dutzend Bassgeigen und zwei Dutzend Blechbläsern wird aufgeboten und empfängt uns mit überdimensionaler Musik. Und welcher Held wird gefeiert, ein Recke aus alter Zeit, der gehörnte Siegfried selbst oder Dietrich von Bern? Nichts von alledem: Der Held, den Richard Strauß in den Mittelpunkt rückt, das ist er selbst!
„Ich sehe nicht ein, warum ich keine Sinfonie auf mich selbst machen sollte. Ich finde mich ebenso interessant wie Napoleon und Alexander." Der Deutsche ist plötzlich da in seiner Maßlosigkeit. Er stellt sich selbst dar als Held, wenn es auch keiner ist, der mit dem Säbel rasselt und Unheil bringt und Verderben, sondern ein Held des Geistes.

„Der Held ist sich seiner Kraft bewusst geworden: jetzt kennt sein Stolz keine Grenzen mehr; er erhebt sich, er unterscheidet nicht mehr die Wirklichkeit von seinem maßlosen Traum, ganz wie das Volk, dessen Abbild er ist." Romain Rolland, Kenner und Liebhaber der klassischen Musik, ist fasziniert und abgestoßen zugleich und sieht in dieser Musik „Wahnsinn des Hochmuts, einen Ich-Glauben und eine Verachtung der anderen" – eben Kaiserzeitmusik aus dem Jahre 1899 mit unheilvollen Aspekten.

Übertrieben ist das, auch wenn ein bisschen Wahrheit dabei ist. Man darf den Schluss der Komposition nicht übersehen: Die Sinfonie endet mit der Weltflucht des Helden. Er entsagt dem Kampf, zieht sich in seine innere Welt zurück und beschwört die Harmonie mit der Natur und dem Universum. Ist das nicht Rechtfertigung genug?

Es ist wunderbare, grandiose Musik, ein genialer Entwurf des 34-jährigen Richard Strauß. Ich bekenne mich ohne Vorbehalte zu ihr. Das ist große schöne deutsche Musik! Der Jubel des Konzertpublikums an diesem Abend kannte keine Grenzen, selten habe ich eine solche Begeisterung im Konzertsaal erlebt. Freilich, Riccardo Chailly und das Gewandhausorchester waren in Hochform, aber es ist der Inhalt, der Kampf und der Sieg des Helden, so meine ich, der sich so spontan auf die Zuhörer übertrug und der sie zu Begeisterungsstürmen hinriss.

Aber Maßlosigkeit sitzt mit im Orchester, die Übersteigerung der Klangmittel hört sich für misstrauische Ohren befremdlich und vielleicht sogar gefährlich an. Ich will es glauben, dass sich so etwas wie Furcht einstellen kann, nicht nur beim Anhören der Strauß'schen Musik, man traut dem „deutschen Wesen" nicht über den Weg. Die Stimme Nietzsches vom „Übermenschen" ist zu hören und die Stimme Bismarcks, des „Eisernen Kanzlers": „Wir

Deutsche fürchten Gott und sonst nichts in der Welt." Aber das ist Vergangenheit, die Gegenwart ist freundlich geworden. Nicht unsere Freunde, wir selbst müssen darüber wachen und Übersteigerungen im Zaune halten, die Mittel und Formen müssen gefällig und angenehm bleiben. Der Deutsche liebt offenbar – zu meinem Kummer – auch noch heute den Superlativ. Ausstellungen und Messen, wenn sie in unserem Lande stattfinden, sind durchweg „die größten der Welt"; wir haben natürlich auch „den besten Tormann der Welt", und aus einem normalen Wettstreit um die Krone im Handball wird die „beste und erfolgreichste Handballweltmeisterschaft der Neuzeit". Die Erbsünde erscheint wieder, wenn auch nur im Miniformat.

Es sind allerdings Journalisten, Politiker und Manager. die sich gern im Übermaß gefallen, doch Nachsicht könnte man haben mit ihnen, diese müssen das rechte Maß erst noch finden und jene schreiben mitunter frei nach Karl Kraus – nicht mit dem Kopf, sondern mit den Füßen.

In Kunst und Literatur haben unsere Altvordern Großes geleistet und hinterlassen, doch im Fach Geschichte brauchen wir Nachhilfeunterricht, zu viele Lektionen haben unsere Vorfahren versäumt, verträumt, verschlafen, geschwänzt – und an ihrer Stelle Literatur und Kunst und Philosophie getrieben.

Die Lücken wurden für mich sichtbar, als ich in London voll Ehrfurcht und mit Beklemmung zum ersten Male vor dem WESTMINSTER stand. Es war Anschauungsunterricht par excellence für mich.
Was für einen majestätischen Bau, was für ein Schloss hat man der Demokratie schon in so früher Zeit in diesem Lande gebaut – licht, hell, gewaltig und schön! Wer so baut, dachte ich, hat nicht nur die Magna Charta libertatum von 1215 im Rücken und die Gewissheit

der Bill of Rights von 1689 – der weiß auch ganz sicher: In diesem Lande sind Demokratie und Freiheit unantastbar und sie werden unantastbar bleiben – für alle Zeiten. Sie gehören zu diesem Land und zu diesen Menschen.

An unseren Lichtenberg habe ich gedacht, der 1775 dort war und Lehrstunden genommen hat; von 14 bis 20 Uhr hat er „auf einem Fleck gestanden", um die Parlamentsdebatte zu erleben, hat Mittagessen und Kaffee darüber versäumt, gesteht er den Freunden ein, und habe „bloß durch Augen und Ohren gezehrt". Der Glückliche! Zu Hause in Deutschland herrschten Fürstenwillkür und Kleinstaaterei; Schiller dichtete heimlich die „Räuber", Schubart wird auf der Festung Hohenasperg in Ketten gelegt, ohne Anklage und Schuldspruch zehn Jahre gefangen gehalten, und Gottlieb Wilhelm Rabener, ein Schriftsteller aus Sachsen, schreibt verbittert: „Deutschland ist nicht das Land, in welchem eine bessere Satire es wagen dürfte, das Haupt der Freiheit emporzuheben; in Deutschland mag ich es nicht wagen, einem Dorfschulmeister diejenige Wahrheit zu sagen, die in London ein Lord-Erzbischof anhören muss."

Der Westminster rief in mir die eigene Geschichte wach, Vergleiche zwischen unseren Ländern drängten sich auf, von Stolz konnte wahrlich die Rede nicht sein. Ich sehe das protzige Reichstagsgebäude der Kaiserzeit mit den Abgeordneten des Dreiklassenwahlrechts, höre Bismarck und Wilhelm den Eroberer von deutscher Größe faseln, sehe das Parlament der Weimarer Zeit endlos debattieren und eine unfähige Regierung nach der anderen einsetzen, dann kommt der Anstreicher aus Braunau, der spätere Gröfaz, jagt alle auseinander und verkündet das tausendjährige Reich und die „Neuordnung Europas".
Wie sollten unsere Väter den aufrechten Gang erlernen? In jeder „Ordnung" mussten sie sich ducken, den Rücken krümmen, nie konnten sie ein freies Wort wagen.

Obrigkeitsdenken und Untertanengeist bestimmten unser Leben über Generationen hinweg. Schwer war das Erbe, das wir 1945 antreten mussten. Kann man Jahrhunderte einfach auslöschen? Wie viel Duckmäusertum sitzt noch heute in uns? Es ist nicht leicht, den Rücken aufzurichten, den freien Gang zu erlernen und ohne Scheuklappen in die Welt zu blicken. Wir müssen nachzuholen versuchen, worin uns die Nachbarn vorausgeeilt sind.

Ein weiter Weg liegt noch vor uns, manche Steine des Anstoßes liegen am Wege, manche Klage wird noch laut über uns.

Kinderhymne

„Anmut sparet nicht noch Mühe,
Leidenschaft nicht noch Verstand,
Daß ein gutes Deutschland blühe
Wie ein andres gutes Land.

Daß die Völker nicht erbleichen
Wie vor einer Räuberin,
Sondern ihre Hände reichen
Uns wie andern Völkern hin.

Und nicht über und nicht unter
Andern Völkern wolln wir sein
Von der See bis zu den Alpen,
Von der Oder bis zum Rhein.
Und weil wir dieses Land verbessern,
Lieben und beschirmen wir's,
Und das liebste mag's uns scheinen,
So wie andern Völkern ihrs."

Vor 60 Jahren, beim großen Neubeginn nach dem Kriege, hat Bertolt Brecht dieses Gedicht geschrieben und doch hat es viel Gegenwartsbezug. Wahrlich, wir Deutsche haben noch viel zu tun, auch wenn das manche Bürger oder Spießbürger nicht wahrhaben möchten. Doch wir haben gute Voraussetzungen: Pünktlichkeit, Ordnung, Disziplin und Fleiß, die vielbeschworenen Tugenden, die man uns Deutschen nachsagt, werden die Nachhilfe erleichtern. Ist das vielleicht auch ein Erbe der Vergangenheit, an dem die Obrigkeit nicht ganz schuldlos ist? Die Geschichte hält oft Skurrilitäten bereit, zumindest die deutsche. Deutscher bin ich und muss es wohl bleiben, „in diesem Leben und im Leben nach dem Leben", wie sich der Joseph bei Thomas Mann auszudrücken beliebt. „Ein freier, denkender Mensch bleibt da nicht stehen, wo der Zufall ihn hinstößt, oder, wenn er bleibt, so bleibt er aus Gründen, aus Wahl des Besseren", lesen wir bei Heinrich von Kleist. Warum also sollte ich eine andere Nationalität annehmen wollen?
Ich bin froh, ein Deutscher zu sein.

„Redet deutsch, damit ich's verstehe."
Goethe, Reineke Fuchs, 3. Gesang, Vers 271

Da steht man auf unserem großen Hauptbahnhof und hat Bedürfnisse, rennt die 26 Bahnsteige rauf und runter und kann doch nicht den Ort finden, wo man sich erleichtern kann.
Nirgends wird auf die Stätte verwiesen, wo man sein Wasser abschlagen und wieder freudiger in die Welt blicken kann. Die Not ist groß, man weiß sich nicht zu helfen und kann nur mit einem gewissen Handgriff in der Leistengegend notdürftig zurückhalten, was dem Körper entweichen möchte... bis ein aufmerksamer Beamter der Bahn auf das erlösende Schild verweist: M i s t e r C l e a n. Dort befindet sich die rettende Stelle. Es muss natürlich englisch sein heute, damit man mithalten kann mit der Zeit. T o i l e t t e ist zu einfach, zu primitiv, auch wenn das Wort im Englischen und Französischen zu finden ist und somit die durchreisenden Ausländer mit Sicherheit den Ort ihrer Bedürfnisse erkennen könnten. Auch mit dem altvertrauten W C käme man wunderbar zurecht, denn ein w a t e r - c l o s e t kennt die halbe Welt. Nein. wir wollen modern sein und sollen nur noch bei MISTER CLEAN urinieren. Dabei sind wir doch s a u b e r , wir wollen uns doch nur einen gewissen Druck von der Blase nehmen. Und werden unsere lieben Frauen dadurch nicht irregeführt? Sie könnten den Hinweis vom sauberen Mister als Einladung verstehen: „Treten Sie ein, meine Damen, hier ist alles picobello, hier besteht keine AIDS-Gefahr!"

Heutzutage, wo uns die Anglizismen auf allen Gebieten das Leben schwer machen, wollen wir ein H o c h auf diejenigen anstimmen, die das Hoch erfunden haben und die unser schönes Deutsch so vorzüglich benutzen: d i e W e t t e r f r ö s c h e. Sie verschanzen sich nicht hinter fremden Fachbegriffen, die niemand versteht, sondern haben neue wunderschöne Begriffe geprägt.

Anfang der Zwanzigerjahre, als der Wetterdienst die Kinderschuhe ablegte, haben sie das schöne Bild vom H o c h - und T i e f d r u c k g e b i e t geschaffen, kurz H o c h und T i e f genannt. Wie aussagekräftig sind diese Begriffe! Und wie viele Abstufungen gibt es davon! Man unterscheidet das Zentralhoch vom Zwischenhoch, das Hochdruckgebiet oder die Hochdruckzone vom Hochdruckausläufer.

Besteht Hochdruck nur auf einem begrenzten Gebiet, spricht man von einem Hochdruck k e i l, einer Hochdruck b r ü c k e oder einer Hochdruck r i n n e. Danke, liebe Leute, für diese wunderbare sprachliche und inhaltliche Vielfalt und Differenzierung! Besser kann man die Sprache nicht gebrauchen.

Damit noch nicht genug! Die Wettermacher sind schier unerschöpflich, wenn es um neue, bildhafte Begriffe geht. Da spricht man von einer Warm- und Kalt f r o n t, von einem Luftmassen s t a u und von Wolken- und Nebel f e l d e r n. Vorsicht ist angesagt: von der Wetterküche Atlantik nähert sich eine K a l t l u f t s t a f f e l, sie könnte Gefahr bringen und sich bei uns in einem W o l k e n b r u c h entladen.

Was sind das für schöne, anschauliche Begriffe! Ebenso gut gehen unsere Wetterfrösche mit dem R e g e n um. Haben die Regentropfen einen geringeren Durchmesser als 0,7 mm, dann unterscheiden sie zwischen N i e s e l -, S t a u b - und S p r ü h r e g e n. Je nach seinem Umfang wird zwischen L a n d -, S t r i c h -, P l a t z - und D a u e r r e g e n differenziert. Haben wir es nicht mit Regenwolken zu tun, dann stehen entweder F e d e r -, S c h ä f c h e n -, S c h l e i e r - oder S c h i c h t w o l k e n am Himmel.
Es können auch S c h ö n w e t t e r h a u f e n w o l k e n sein. Sehen Sie gleich mal zum Himmel, welche Art Wolken Sie jetzt sehen können!

Auch für den schönen Begriff „R e g en b o g e n" möchte man den Leuten vom Wetterdienst danken, aber sie lehnen das Lob ab: Diesen Begriff haben schon unsere Altvordern vor rund 1.000 Jahren geprägt: Im Mittelhochdeutschen heißt er „regenboge" und im Althochdeutschen tritt er uns klangvoll als „reginbogo" entgegen.

Auch für die H u n d s t a g e können sie nichts und auch mit den armen Hunden haben sie nichts zu tun: Zwischen dem 22. Juli und dem 23. August, wo oft eine B u l l e n- oder A f f e n h i t z e herrscht, die uns das Wasser aus allen Poren treibt, sodass wir den Mister Clean gar nicht aufsuchen müssen, regiert der S i r i u s, der Hundestern, der hellste im Sternbild „Großer Hund". Davon sind unsere Hundstage abgeleitet.

Die Damen und Herren vom Wetterdienst haben unsere Anerkennung verdient, h a g e l t es doch oft Beschwerden, weil manche Vorhersage nicht eingetroffen ist. Aber seien wir nachsichtig. Für ihre Messungen stehen ihnen nur begrenzte L u f t k o r r i d o r e zur Verfügung, und auch wenn der Computer 100.000 Daten verarbeitet hat und die Vorhersage fast sicher scheint, dann macht sich in der Atmosphäre plötzlich eine h o r i z o n t a l e S p e r r s c h i c h t breit, die alle Bewegungs- und Austauschvorgänge verhindert und die Voraussage zu Makulatur macht. Wetter und Wind ändern sich geschwind. Auf Liebesschwüre und das Wetter ist wenig Verlass. Aber schlechtes Wetter ist besser als gar keins.

Briefe

Man hat Urlaub, Ansichtskarten werden verschickt. Die Freunde sollen ein wenig teilhaben am Urlaubsglück, ein bisschen fremde Luft atmen, fremde Städte und Landschaften kennenlernen – und Lust auf Reisen bekommen.

Früher, als meine liebe Mutter noch lebte, habe ich ihr aus jeder Stadt, die ich dienstlich oder privat besuchte, eine Ansichtskarte geschickt.
Da lernte sie unser Land kennen, das sie wegen ihres Alters nicht mehr bereisen und sich früher nicht erschließen konnte: Geld dafür hatten wir nicht und Urlaub, das war ein Fremdwort für sie. Und eine kleine Botschaft ihres Sohnes war es natürlich auch. Es hat mir immer Vergnügen bereitet, diese kleinen Send- und Liebesboten abzuschicken.

Als ich es einmal versäumt hatte und ihr sagte, ich hätte keine Zeit dazu gehabt, antwortete sie mir: „Für eine Karte ist immer Zeit." Recht hatte sie, die gute Mutter; nie wieder hat sie mich mahnen müssen.

Manche „Kartengrüße" allerdings machen mitunter bange Minuten. Weihnachten oder Neujahr treffen sie ein, oft computergesteuerte Kurztexte, gleichlautend für alle Empfänger. Selbst die Unterschrift „mit eigener Hand" wird ausgespart. Was soll man mit diesen lieblosen Gesellen bloß anfangen? Soll man sie sofort entsorgen oder zurückschicken, damit man sie im nächsten Jahr gleich wieder verwenden kann? Warum bloß schreiben wir heute fast keine Briefe mehr? Weil es das Telefon gibt? Ein Gespräch ist lebendiger, das mag sein, aber einen Brief kann es nicht ersetzen.

Wenn Frau Aja, Goethes Mutter, einen Brief von ihrem Wolfgang erhielt, „dann geht alles flink vonstatten", und sie fühle sich immer zehn Jahre jünger; ein Brief ist ihr „Lebenskraft und Öl", „eine Erquickung in ihrer Wallfahrt durch die Sandwüste dieser Werkeltagswelt". Solche Wirkungen können Briefe haben.

Briefe sind so viel wert, „weil sie das Unmittelbare des Daseins aufbewahren", heißt es in „Dichtung und Wahrheit". Liest man sie später noch einmal, dann wird die Vergangenheit wieder lebendig: „Das Vorzüglichste, was wir durch Mitteilung älterer Briefe gewinnen, ist, uns in einen früheren, vorübergehenden, nicht wiederkehrenden Zustand unmittelbar versetzt zu sehen", lesen wir in den „Maximen und Reflexionen", und „man wird verleitet, das gegenwärtige Leben als ein vergangenes anzusehen", schreibt Goethe an seinen Freund Knebel. Die Vergänglichkeit des unmittelbaren Lebens tritt uns im Brief entgegen, aber gleichzeitig holt er die Vergangenheit aus der Versenkung hervor. Das alles leistet der Brief. Ein Gespräch vergeht, verweht, der Brief bleibt.

Köstlich ist es, in alten Briefen zu lesen, die ganze Vergangenheit wird vor unseren Augen lebendig. Welches Kleinod besitzen wir in den Briefen, die Goethe und seine Christiane miteinander getauscht haben! Hätte sich der Briefwechsel zwischen Vincent van Gogh und seinem Bruder Theo oder zwischen Tschaikowski und Nadeschda von Meck nicht erhalten – durch nichts könnte dieser Verlust ausgeglichen werden. Sie gehören zu den kostbarsten Dokumenten des 19. Jahrhunderts.

„Für Briefe habe ich keine Zeit." Ist das wirklich so? Dann können Sie ja auch gleich hinzufügen: „Für das Leben habe ich keine Zeit." Dann würde man Ihnen wenigstens Konsequenz im Denken bescheinigen können. Briefe sind wie Blumen. „Man gibt sich selber drein." Haben wir vor ihnen Angst? Wollen wir unsere Gefühle verbergen? Ehrlichkeit und Offenheit gehören schon dazu, sonst ist der Brief nichts wert.

Scheuen wir die Mühen, die mit einem guten Brief verbunden sind? Oder ist es die Leere, die in uns steckt und die wir in einem Brief mit nichtigem Inhalt nicht aufdecken wollen? Wollen wir uns keine Blöße geben, weil wir wissen, dass der Partner hohe Ansprüche stellt, die sich schwer erfüllen lassen? Das alles sollte nur Ansporn sein, seine Fähigkeiten nicht unter den Scheffel zu stellen. Ohne Fleiß kein Preis.

Wir sollten wieder zur Briefkultur zurückfinden, die es in alter Zeit gab. Briefe gehören zu den wichtigsten Dokumenten, die der Mensch hinterlassen kann. Sie sind eine der schönsten Erfindungen des Menschen. Lassen wir den altmodischen Brauch, sich gegenseitig mit Briefen zu erfreuen, nicht untergehen. Wir geben sonst ein Stück von uns selbst auf. Wann schreiben Sie den nächsten Brief? Schon morgen?

Vergessen Sie Ihren guten Vorsatz nicht. Wer schreibt, der bleibt.

Flucht in den Süden

Goethe floh nach dem Süden bis Rom, später driftete er auch nach Sizilien ab, ich bin bis zu den Kanarischen Inseln ausgebüxt. Er brauchte bis zur Hauptstadt der Welt acht Wochen, ich habe die 3.300 km in vier Stunden und zehn Minuten zurückgelegt. Er blieb fast zwei Jahre im Süden, ich werde schon nach einigen Wochen meine Koffer packen.
Er floh aus Deutschland, um sich von den physischen und moralischen Übeln zu heilen, die ihn in Weimar fast unbrauchbar machten, ich will nur dem Winter ein Schnippchen schlagen. Er kam „als neuer Mensch" zurück, ich dagegen nur braun gebrannt.
Die Unterschiede sind beachtlich, unüberbrückbar; kein Wunder, dass von uns Geringen nur „ein Hügel im Badischen" bleibt.

Wie viel von uns Geringen auch bleiben mag, eines kann uns niemand nehmen: Mitten im Winter brechen wir auf in die Freiheit, in die Ferne, in den Frühling. Wohlgefällig stehe ich auf dem Balkon meines Hotels und blicke hinaus aufs Meer. Blauer Himmel, blaues Meer, mein Herz jubelt, die Brust wird freier. Der Winter mit den rauen Winden liegt hinter und der ewige kanarische Frühling vor mir. Auch hier hängt der Himmel voller Geigen, und jedem Instrument kann man eine andere Melodie entlocken, wenn man den Bogen zu führen weiß – falls Sie verstehen, wovon ich eigentlich spreche. Oder setzt Ihnen das Alter schon so zu, dass Sie sich in Bescheidenheit üben müssen?

Buntes Treiben herrscht am Strand. „Wer zählt die Völker, nennt die Namen, die gastlich hier zusammenkamen?" Nordländer sind es zumeist, die ihren Ländern den Rücken gekehrt haben. Winterwetterflüchtlinge wie ich. Für sie hat Gott auf den Kanaren herrliche Strände geschaffen und auch gleich schönen Sand von der Sahara herüberwehen lassen. Wie ist doch alles sinnvoll eingerichtet in der Welt! Für die Ungläubigen schickt er ab und zu den SIROCCO, wie die Insulaner den Saharawind nennen. Er hüllt alles in einen rötlichen Schleier und bläst tonnenweise Sand über die Inseln und lässt uns ahnen, wie's vor Jahrmillionen hier zuging. Auf meiner Flucht erlebe ich gleich noch ein Stück Schöpfungsgeschichte, und das ohne zusätzliche Kosten.

Neben mir im Saharasande liegen zwei junge Italiener. Wie es sie hierher verschlagen hat, wissen allein die Götter. Sorgsam und voll Freude legen sie mit Steinchen das berühmte Profil ihres Landes in den Sand. Ich werde nachdenklich, fast melancholisch. So viel Patriotismus hat keinen Platz in meinem Gemüt. Daran sind nicht die Winter schuld, die kühlen Winde blasen aus anderen Richtungen „Legen Sie Ihr Land doch auch in den Sand!", fordern mich die Burschen ein bisschen schelmisch auf. „Ich möchte es nicht riskieren", antwortete ich ihnen. Man könnte mir zurufen: „Er ist Nationalist und gegen Europa! Und ausländerfeindlich dazu!" Die Italiener kichern, sie machen sich lustig: „Ihre Bedenken sind falsch. Ihr Land hat heute eine solche äußere Gestalt, dass kaum jemand das künstliche Gebilde als ‚Deutschland' erkennt." Da bin ich nun nach dem Süden geflohen und doch holt mich auch hier unsere leidige Geschichte ein. Niemand kann eben seinem Schicksal entrinnen.

Mit der Abendröte zieht's mich zum Abendbrottisch. Ganz oben am Hang, da liegt das Hotel. Die Stufen abwärts, das geht noch, doch heimwärts, hungrig und müde, da sind 648 Stufen eine Qual. Im Katalog habe ich's freundlicher gelesen. Das Hotel liege „erhöht", befinde sich „in Hanglage". Wer soll da Böses ahnen? Der Quelle-Katalog setzte noch eins drauf: Das Hotel läge „oberhalb des Meeres". Mein Gott, dachte ich, wo soll's denn sonst liegen?

Ein Unter-Wasser-Hotel gibt's nirgends auf der Welt. Diese Werbung! Immer ist sie uns einen Schritt voraus. Mit Leichtigkeit werden 648 Stufen unter den Tisch gekehrt.

Hoch oben am Nachthimmel stand in voller Schönheit die Venus. Schon zu Hause hatte sie mich erfreut. Ich teilte meine Glücksgefühle dem Balkonnachbarn mit, der aus Braunschweig kam. „Das ist eine Raumstation!", korrigierte er mich, es lag Triumph in seiner Stimme. So kann man sich irren. Da kehrt man der Heimat und dem Zeitgeschehen kurzzeitig den Rücken und schon haben die Amerikaner – oder waren es die Russen? – die Venus besiedelt.

Es werden doch nicht gar die Braunschweiger sein, die dort die Fahne Niedersachsens gehisst haben! Vielleicht haben sie sogar ihren berühmten Bronze-Löwen vom Burgplatz auf die Venus geschleppt!
Ich traue es ihnen zu, der Triumph des Balkonnachbarn lässt es vermuten.

Auf Rundfahrten versuchte ich einige Schönheiten der Kanaren zu erfassen, brauchte Wochen, um sich darin einigermaßen auszukennen. Am PICO DE TEIDE mit seinem riesigen Krater habe ich Erdgeschichte erlebt, die 300.000 Jahre zurückliegt, man wird dort fromm und lernt beten. Für die antiken Guanchen nistet im Krater ein böser Geist, ich habe alles abgesucht, habe aber keinen gefunden. Hunderte Vulkankegel sind über die Landschaft gebreitet, kleine und große Wunderwerke der Natur, manche allerdings wie zum Beispiel der PICO DE CALDAR mit Gebäuden der verschiedensten Art bis zur halben Höhe zugebaut und schrecklich entstellt. Es ist Sünde gegen die Natur und gegen alle Ästhetik. Wird sich die Natur eines Tages dafür rächen und wie vor Jahrhunderten aus Hunderten Kratern rücksichtslos auf die Übeltäter Feuer und Asche speien und alles wieder vernichten? Ich habe Angst vor diesem neuen Feuersturm. Der EL DEDO DE DIOS, der „Finger Gottes", reckt sich beschwörend 'gen Himmel und mahnt die Gotteslästerer zur Vernunft. Ob sie das Zeichen verstehen und weiterer Barbarei endlich Einhalt gebieten?

Noch steht es gut um die Insulaner. Der Tourismus hat Wohlstand gebracht. Nur einer Kategorie Lebewesen geht's hier nur zeitweise gut: den Läusen. Drei Wochen lang können sie sich auf den Kakteenfeldern dick und rund fressen, dann werden sie gepflückt und – wie sich der Reiseleiter ausdrückte – „an der Sonne getrocknet", d. h., sie können, wie die Urlauber, die Sonne genießen ...

Die Wahrheit hört sich anders an: Jämmerlich müssen die kleinen Kerle in der Sonne verhungern. Dann werden sie zu Farbstoff verarbeitet, zum Nutzen des bekannten CAMPARI, von Textilien und von Lippenstiften. 15.000 Tiere ergeben ein Kilogramm Trockenmasse, berichtet nüchtern der Reiseleiter. Wenn man jährlich 20 Tonnen Farbstoff exportiert – wie viel Läuse nehmen dann Anteil an dem lukrativen Exportgeschäft? Wer schreien kann, der wird gehört; die Stummen sind die Dummen.

Von den Läusen Lanzarotes wandern meine Gedanken unwillkürlich hinüber zu den armen Eseln Marokkos. Das Los dieser Packesel erschüttert nicht nur die sanften Gemüter. Noch nie habe ich so viel Traurigkeit in den Augen von Lebewesen gesehen wie in den Augen der Packesel von Fes und Marrakesch. Die ganze Rückständigkeit des Landes, so scheint es, wird auf ihre Rücken geladen und hat ihre Seelen verbogen und entstellt.

„Was ist doch ein Lebendiges für ein köstliches, herrliches Ding!", ruft Goethe in Rom aus, als er am Meere Seeschnecken und

Taschenkrebse beobachtet. „Wie abgemessen zu seinem Zustande, wie wahr, wie seiend!" Ja, wie wahr, wie seiend sind sie, wenn man sie als Gottesgeschöpfe ansieht und behandelt. Doch in der Neuzeit ist offenbar eine andere Definition in Umlauf: Tiere sind Dinge oder Gebilde, die zufällig Leben haben, es sind lebendige Substanzen zur uneingeschränkten Benutzung durch den Menschen. An seinem Umgang, auch dem mit Tieren, erkennt man den Menschen. „Ganze Weltalter voll Liebe werden notwendig sein", meint Christian Morgenstern, „um den Tieren ihre Dienste und Verdienste an uns zu vergelten." Wann endlich lassen wir das erste Weltalter beginnen? Ruhig und freundlich lasse ich die letzten Tage bei den Canarios ausklingen. Es ist so schön, sich treiben zu lassen und das Lebensgefühl der Südländer zu genießen, die gern in den Tag hineinleben.

In der südlichen Sonne und der Sorglosigkeit des Daseins verjüngt sich das Herz, man ist befreit von allem Faden, von eingeimpften Bedenklichkeiten und man erfreut sich uneingeschränkt der schönen, weiten Welt.

Ich kehre in den kühlen Norden zurück, gelöst und frohgemut, aber nicht wie unser Goethe „bis ins innerste Knochenmark verändert". Wie hat er das nur zuwege gebracht? Frauen waren nicht im Spiele, lässt er den Herzog wissen: „Die öffentlichen Mädchen der Lust sind unsicher wie überall." – Sie schieden also aus. – „Die Zitellen (unverheiratete Mädchen) sind keuscher als irgendwo, sie lassen sich nicht anrühren." – Versucht hat er es offenbar, doch ohne Erfolg – und „wenn sie einen Mann haben, dann ist die Messe gesungen."

Die Kunst und die Natur mit der Sonne Homers haben die Frauen ersetzt und das Wunder vollbracht, und wie zur Belohnung empfing ihn bei seiner Rückkehr ein kleines Naturwesen, ein Erotikon erster

Güte, sie wurde seine Christiana fürs Leben. Sie veränderte ihn erneut bis ins innerste Knochenmark und inspirierte ihn zu den „Römischen Elegien", einer Dichtung, die durch ihre erotischen Verse ihresgleichen sucht in der Literatur.

Wer regt mich zu „Kanarischen Elegien" an, die die Welt aufhorchen lassen? Mein Kater, der mich so lange entbehren musste? Er war froh, dass nun wieder ein geregeltes Leben begann; für Dichtung zeigt er wenig Interesse. Die Welt muss sich also mit diesen kargen Reisenotizen begnügen. Vielleicht gelingt mir eines Tages mehr. Die Hoffnung stirbt bekanntlich zuletzt.

Klischees

Schnell sind wir mit Urteilen zur Hand, sie schießen hervor wie Pilze nach dem Regen. Wir mögen uns stellen, wie wir wollen, sie kommen wie ungebetene Gäste. „12 Grad plus, mitten im Januar, das gab's zu meiner Zeit nicht", meint die Nachbarin; „früher, da hatten wir noch richtigen Winter." Vor uns der Junge, er hält die Tür für uns nicht auf, schlägt sie uns vor der Nase zu.
„Die heutige Jugend!", klagt sie, „eine solche Unhöflichkeit hat's früher nicht gegeben." Wir wollen nach unten, der Fahrstuhl streikt, wir müssen fünf Etagen zu Fuß gehen. „Der Hausmeister schläft mal wieder oder spielt mit seinen Kollegen Skat."
In jeder Aussage steckt etwas Wahrheit, aber immer wieder fällt unser Denken in Klischees zurück. Manche kommen wie Axiome daher: Plattenbauten sind mies, Frauen sind schwatzhaft, Barockmusik ist langweilig, Asylanten lieben fette Suppen, Politiker haben keine Moral.

Ich wohne seit Jahrzehnten in einem Plattenbau und fühle mich wohl. Die Räume sind zweckmäßig gebaut und 2,60 m hoch, die Fenster haben die Breite der Zimmer, der Fußboden ist mit Parkett ausgelegt und die Mieter ringsum sind freundlich und nett. Freilich, Küche und Bad sind klein gehalten und haben keine Fenster, aber wo ist schon alles vollkommen?
Selbst das Paradies hatte offenbar seine Tücken, es gab einen Baum mit verbotenen Früchten und eine boshaft-tückische Schlange, sie wurde Adam und Eva zum Verhängnis.

Wie kommt es nur, dass wir immer wieder in Klischees verfallen? Ärger, Nachlässigkeit, Bequemlichkeit, Egoismus und wie die kleinen Gebrechen alle heißen, sie machen uns ungerecht. „Immer lässt du deine Strümpfe im Bad liegen. Nie stellst du deine Schuhe ins

Regal, wo sie hingehören. Und die Zahnpastatube machst du auch meistens nicht zu."

Immer wieder die alten Klagen, doch sie sind umsonst, meine Damen. Die Männer sind nun mal eine Art störrische Esel, die lieber Schläge hinnehmen, als sich zu ändern. Und natürlich haben sie einen heimlichen Trumpf in der Hand: Auch sie könnten mitunter ihrem Herzen Luft machen: „Nie kannst du pünktlich sein. Immer muss ich auf dich warten. Immer hast du etwas zu kritteln und zu meckern" – aber sie schweigen und geben den Trumpf nicht aus der Hand. Aufgeschoben ist nicht aufgehoben. Schweigen und Denken kann niemanden kränken. Reden ist Silber, Schweigen ist Gold.

Klischees sind zählebig, sie verkleistern Denken und Urteil von jeher, sogar bei Menschen, die ihre Vernunft zu gebrauchen wissen. Schon unser Lichtenberg beklagt sich darüber, dass auch „vernünftige" Menschen nicht aus der Vernunft heraus urteilen. Man schließe zum Beispiel „aus dem Titel des Buches und dessen Dicke auf den inneren Wert", wie könne mit „dieser geringen Information ein proportioniertes Urteil" entstehen! Natürlich heben Erfahrung und Wissen das Fehlurteil bald auf, doch der Makel im Denken bleibt, die Unvernunft kann für einige Zeit auch den Vernünftigen beherrschen.

Nur wer in der „Platte" wohnt, kann sie beurteilen. Nur wer mit den Motiven Hunderter Flüchtlinge vertraut ist, weiß um ihr Schicksal. Nur genaue Kenntnis und solides Wissen können vernünftige Urteile hervorbringen, doch darauf können wir nicht immer zurückgreifen. „Irren ist des Menschen Los." Das weiß schon Euripides, und Lichtenberg setzt ergänzend hinzu: „Wir irren allesamt, nur jeder irrt anders." Der Mensch ist nun mal kein vollendetes Wesen der Schöpfung. „Der Mensch ist ein Wesen, zusammengesetzt aus

Leben und Tod, Lust und Tränen, Begierde und Überdruss, Liebe und Hass, Vernunft und Torheit." So steht es bei Martin Luther, wir können uns auf unseren großen Reformator berufen. Irren ist menschlich – und verzeihbar.

Aber unseren Ärger können wir hinterschlucken, unseren Verdruss wegstecken und die Unvernunft müssen wir nicht ins Kraut schießen lassen – und nachplappern, was andere sagen, das müssen wir nicht.
Esel bleiben wir trotzdem, zumindest wir störrischen Männer.

Freundschaft

L i e b e, das A und O des Lebens, ist immer im Spiele – in den Romanen, im Fernsehen, auf den Parkbänken im Frühling. Ein Wunder ist es nicht. Sie ist an kein Alter gebunden, sie braucht keinen Lehrer, sie herrscht ohne Gesetz. Sie kann Berge versetzen und alles überwinden, was sich ihr in den Weg stellt. Alles verblasst gegen diese Himmelsmacht. Ist die F r e u n d s c h a f t weniger wert? Sie scheint die Stiefschwester zu sein – oder ist sie gar das Aschenputtel?

Dabei ist sie so etwas Wunderbares, die Sprichwörter bringen es an den Tag: Ein Leben ohne Freund ist wie eine Welt ohne Sonne. Wer einen guten Freund hat, braucht keinen Spiegel. Wer ohne Freund lebt, lebt nur halb. Der Reichtum eines Mannes sind seine Freunde ...

Zu Unrecht steht sie im Schatten der Liebe. Freilich, Kinder bringt sie nicht hervor, aber sie hat ihre Vorzüge: Sie geht nicht durch den Magen und ist nicht blind wie die Liebe. In Nöten geht sie nicht flöten, bei Hilferufen eilt sie unverzüglich herbei, im Unglück kommt ihre Stunde.

Viele können ihr Loblied singen, zum Beispiel Karl Marx, der mittellose Emigrant. Nie hätte er ohne die selbstlose Hilfe seines Freundes Friedrich Engels seine Familie ernähren und sein gewaltiges Werk vollbringen können. Hegel, Humboldt, Einstein, Bebel, Mahler, Liebermann. Bloch – sie alle zogen magisch bedeutende Menschen an, sie scharten aber auch zuverlässige Freunde um sich, zu Nutz und Frommen aller.

Es ist so gut, jemand zu wissen. der mit einem lebt und fühlt, der Anteil nimmt an dem, was man denkt und tut. Kann man sich in einem anderen Menschen spiegeln, erkennt man sich besser – und man fühlt den eigenen Reichtum, über den man verfügt; es werden aber auch die Grenzen des eigenen Ichs sichtbar.

Dieses Geben und Nehmen machte die Freundschaft zwischen Goethe und Schiller so reich, „Dass Sie nicht gleich kommen können, ist mir recht verdrießlich", schreibt Schiller nach Weimar hinüber, „ich hätte jetzt gern mein Lämpchen bei Ihnen entzündet." Er kann auch allein brennen, aber nur mit halbem Schein. „Wann werden wir uns wieder einmal hier sehen? Ich sehne mich herzlich danach, es ist mir, als wenn mir etwas an dem Elemente fehlte, worin ich leben soll." Verkümmerung tritt ein, wenn man allein ist und wenn das belebende Element des Freundes fehlt, Freundschaft ist auf Gegenseitigkeit begründet. „Schiller ist im Besitz einer erhabenen Natur; er ist so groß am Teetisch, wie er es im Staatsrat gewesen wäre. Nichts geniert ihn, nichts engt ihn ein, nichts zieht den Flug seiner Gedanken herab; was in ihm von großen Ansichten lebt, geht immer frei heraus ohne Rücksicht und ohne Bedenken. Das war ein rechter Mensch", lobt Goethe seinen Freund, „und so sollte man auch sein!" Und dann bringt er noch einen Vergleich, wie er schöner nicht sein kann: „Schiller war eben eine echte Christus-Tendenz eingeboren, er berührte nichts Gemeines, ohne es zu veredeln."

Die wahre Freundschaft kann alles fordern und vollbringen. Das eigene Ich und die persönlichen Interessen müssen zurückstehen, man muss zur Opferbereitschaft bereit sein.

„Zu Dionys, dem Tyrannen, schlich / Möros, den Dolch im Gewande."

Wer kennt sie nicht, die Schiller'sche Ballade von der „Bürgschaft"? Möros will die Stadt vom Tyrannen befreien und soll es am Kreuze bereuen. Er ist zum Sterben bereit, fleht aber um drei Tage Zeit, bis er die Schwester dem Gatten gefreit. Und dann spricht er die folgenschweren Worte:

„Ich lasse den Freund dir als Bürgen, / Ihn sollst du, entrinn ich, erwürgen."

Wenn man auch nicht gleich das Leben einsetzen muss – Selbstlosigkeit fordert wahre Freundschaft aber schon ein. Ist sie deshalb so selten anzutreffen? „Manche Menschen betrachten die Freundschaft als ein Konto", lesen wir bei Ludwig Tieck, „von dem man immer abheben kann, ohne einzahlen zu müssen." Mangelt es den Männern an Selbstlosigkeit? Steht die Eigenliebe der Freundschaft zu sehr entgegen?

Freilich, begegnen sich starke gegensätzliche Pole, wird es schwer für einen Bund.

Muss erst eine F r a u hinzutreten, damit die Freundschaft die rechte Würze bekommt? Steht es um die „gemischte" Freundschaft besser? Bei der Freundschaft zwischen Mann und Frau lauert fast immer die Liebe, das ist die Tücke und macht ihr mitunter arg zu schaffen. Johannes Brahms und Clara Schumann kennen das, diese „Liebe ohne Flügel" – wie das französische Sprichwort den Sachverhalt benennt, Goethe mit seinem innigen Verhältnis zu Frau von Stein weiß ein Lied davon zu singen. Charlotte hielt das Verhältnis in Schranken, seine Leidenschaft wurde gezügelt und auf Sparflamme gesetzt, in platonische Liebe verwandelt. Konnte das gut gehen? Goethe stand in den besten Jahren seines Lebens. „Platonische Liebe kommt mir vor", lesen wir bei Wilhelm Busch, „wie ein ewiges

Zielen und Niemals-Losdrücken." Zehn Jahre hielt der Bund, dann brach er auseinander, Goethe floh nach Italien, um sich „von seinem Salto mortale zu erholen und sich von einer ungeheuren Leidenschaft und Krankheit zu heilen." Er wollte, dass ihm wieder Flügel wachsen.

Angemessene Distanz braucht offenbar die Freundschaft zwischen Mann und Frau, dann hat sie schon eher Bestand. Peter Tschaikowski und Nadeshda von Meck verband eine herzliche Freundschaft, die in der Musikgeschichte ihresgleichen sucht. 1.204 Briefe haben sie miteinander getauscht, nie haben sie sich gesprochen, nur einige Male von Weitem gesehen. Vierzehn Jahre währte ihr inniger Bund. Eingriffe von außen haben ihn unfreiwillig beendet und beiden viel Kummer und Schmerzen gebracht.

Spricht man von Freundschaft, darf Marlene Dietrich nicht fehlen. „Mit Marlene befreundet zu sein ist meiner Ansicht nach mehr, als eine Liebesaffäre mit ihr erlebt zu haben ... Sie ist in der Freundschaft treu wie ein Mann!", versichert uns Maurice Chevalier nach 40 Jahren Freundschaft mit ihr. Eine tiefe Zuneigung verband sie zum Beispiel auch mit Ernest Hemingway. „Ich liebte ihn vom ersten Augenblick an", gesteht sie uns, „es war eine Art von Liebe, die man sonst kaum noch in der Welt finden wird. Sie war echt und makellos, über jeden Zweifel erhaben, eine grenzenlose Liebe über Jahre hinweg. Er liebte mich mit der gigantischen Kraft seines ganzen Wesens."

Manchmal – oder war es doch ziemlich oft? – wuchsen der Freundschaft auch Flügel.
Erich Maria Remarque zum Beispiel war Marlene völlig verfallen, sie wiederum betete Jean Gabin an. Wer kann die Freundschaft festhalten, wenn sie sich anschickt, sich in Liebe umzuwandeln – noch

dazu bei dieser einzigartigen Künstlerin mit den „schönsten Beinen der Welt"? Es wäre seltsam, fast widernatürlich, wenn es anders gewesen wäre.

Was Freundschaft ist, welchen Wert sie hat für den Menschen – Marlene hat dafür schöne und treffende Worte gefunden: „Freundschaft – nur wenige Menschen verstehen den Sinn dieses Wortes. Freundschaft ist wie Mutterliebe, Bruderliebe, ewige Liebe, erträumte Liebe. Freundschaft hat mehr Menschen miteinander verbunden als Liebe. Freundschaft ist wertvoll und heilig. Für mich ist die Freundschaft das Allerwichtigste." – Für dich auch?

Sie hat immer mit Liebe zu tun. Freundschaft ist Liebe mit Verstand – sofern sie keine Flügel bekommt.

Mit Wehmut denke ich an meinen Studienfreund Günter. Als ich ihn zum letzten Male in Berlin gesehen habe, fragte er mich im Auto ganz beiläufig, was ich von einem Selbstmörder halte. Ich habe ihm ohne Umschweife gesagt, was ich dachte: Auch wenn eine schier ausweglose Situation vorliegt, gehört sehr viel Mut und Charakter dazu, diesen Weg zu gehen. Ich hätte keine Kraft dazu.

Günter ist nicht auf meine Worte eingegangen, sein Entschluss stand offenbar unverrückbar fest, er wollte nur meine Erklärung hören. Er ist – wie zwei andere Studienkollegen – an den gesellschaftlichen Verhältnissen zerbrochen.
Er konnte es nicht ertragen, wie die Wissenschaft geknebelt und zu einer Magd der Politik erniedrigt wurde. Ulbricht, der allmächtige Generalsekretär, hatte die Diskussion, die damals unter den Historikern über den Charakter der Novemberrevolution 1918 geführt wurde, mit s e i n e r Erklärung der Dinge kurzerhand für beendet erklärt - und Günters jahrelange Arbeit war über Nacht zur

Makulatur geworden. Er sah keinen Sinn mehr in einer wissenschaftlichen Arbeit an der Akademie und keinen anderen Ausweg als den Freitod. Das hat mich tief erschüttert, auch deshalb, weil er nicht mit mir das Gespräch gesucht hat.

Kritische Stimmen könnten meinen: Die Freundschaft hat ihre Bewährungsprobe nicht bestanden; in der schwierigsten Situation seines Lebens hatte er kein Vertrauen zu dir. Das Urteil ist oberflächlich. Günter war ein Mensch mit gradem Sinn; was er wollte und für richtig erkannt hatte, das verfolgte er stets mit Leidenschaft und Beharrlichkeit; Halbheiten waren nicht seine Sache.

Über sich und seine Schwierigkeiten zu reden war wider seine Natur. Was er für richtig hielt, davon ließ er sich nicht abbringen. Außerdem hatten wir nach dem Studium ganz wenig Kontakt miteinander. Vertrauen und Freundschaft brauchen Nähe und regen Austausch. Aber mich von der Katastrophe freisprechen, das kann und will ich nicht. Im Unglück zeigt sich der Freund.

Bewunderung

Am Frühstückstisch geht mein Blick zum Brotkorb, aus dem mich frische, knusprige Brötchen anlachen. Er ist zwar „nur" aus Plaste und ist doch wunderschön. Er ist so kunstvoll geformt, dass man glauben könnte, er sei geflochten, es sei Handarbeit. Dabei wird es eine Maschine gewesen sein, die ihn zu Dutzenden auf den Markt geworfen hat.

Ist er gegossen, gezogen, aus einem Guss oder in Teilen hergestellt worden? Schade, dass man das als Laie nicht weiß.

Wir haben uns an die Wunder gewöhnt und unsere Augen nehmen sie gar nicht mehr wahr. Was man täglich sieht, hält man nicht hoch. Die schöne Tischdecke – auch ein Kunstprodukt – mit „handgemalten" Blumen, Blüten und Blättern ist dem Auge so selbstverständlich geworden, dass man gar nicht mehr hinsieht. Oder bestaunen Sie etwa täglich Form und Farbe Ihres schnittigen „Wagens"?

Empfinden Sie die Leistung des Motors immer wieder als Wunder? Wir steigen in das Düsenflugzeug ein, ohne einen Augenblick vor diesem technischen Meisterwerk des Menschen ein bisschen ehrfurchtsvoll verharrt zu haben. Gewohnheit und Achtlosigkeit machen uns blind. Uns geht es sozusagen wie der Kuh auf der Wiese: Sie sieht nur das Gras und die saftigen Kräuter, alles andere entgeht ihrem Blick.

Künstler müsste man sein, die sehen tiefer und weiter als wir, sie sehen auch das, was wir gering achten oder in seiner Bedeutung verkennen. Vor 500 Jahren geschah es, das Wunder von Nürnberg. Albrecht Dürer war es, der die Natur zur Kunst machte, aber er malte auf seinem Aquarell 1503 nicht etwa Berge und Täler der

Alpen, Wolken und Wiesen – es war nur ein kleines unscheinbares „Rasenstück", womit er die Kunstwelt überraschte; niemand vor ihm war auf diesen Gedanken gekommen.

Die Gräser und Halme, die Blätter und Blüten sind so liebevoll und emotional widergegeben, dass uns nur eins bleibt: Staunen über so viel Kunst und Wahrhaftigkeit. Das Detail, die Kleinwelt der Natur wurde zu großer Kunst. Sein „Hase" ist ebenso schön, voller Lebendigkeit und Diesseitigkeit gemalt, und dennoch ist er in unserem nüchternen Zeitalter nahe daran, zum „Osterkartengruß" zu verkommen.

Die Natur ist voller Poesie, im Großen wie im Kleinen. „Das Leben kehrt ebenso gut in der kleinsten Maus wie im Elefantenkoloss ein und ist immer dasselbe", meint der 80-jährige Goethe; „so auch im kleinsten Moos wie in der größten Palme." Man muss nicht erst 80 Jahre alt werden, um diese Wahrheit zu begreifen.

Bewunderung ist dem Künstler so notwendig wie dem Fisch das Wasser. „Ich war immer ein Bewunderer, ich erachte die Gabe der Bewunderung für die allernötigste, um selbst etwas zu werden, und ich wüsste nicht, wo ich wäre ohne sie", gesteht Thomas Mann; er hält sie für eine „Hauptstütze des Schöpfertums".

Sieh mal an: Die viel Bewunderten brauchen selbst Bewunderung, um schöpferisch zu sein. Goethe, der Tolerante, bringt in diesem Zusammenhang sogar den Begriff des Hasses ins Spiel: „Ich hasse die Menschen", meint er 1831 zu Eckermann, „die nichts bewundern, denn ich habe mein Leben damit zugebracht, alles zu bewundern." Kann ein echtes Kunstwerk ohne Bewunderung entstehen? Niemals. Nüchternheit und Kälte bringen nichts hervor, gleich gar nicht ein Kunstwerk.

Und wir Geringen, brauchen wir die Bewunderung auch? Wie die Luft zum Atmen. Sie lässt uns die Schönheit des Lebens entdecken. Sie erfüllt unser Herz mit Poesie und verhindert, dass es nicht erkaltet und verkrustet. Sie macht unser Leben reicher.

Die Menschen sind zu bedauern, die alles nur auf Zweckmäßigkeit ausrichten: die Kleidung, die Frisur, die Wohnung. Sie ähneln meinem Großvater, der nicht duldete, dass seine Kinder ein Buch zur Hand nahmen: Lesen schaffe kein Brot, bringe nichts ein, sei Zeitvergeudung.

Seien wir moderne Menschen und halten wir uns an die Bewunderung. Was ist ein Kleid für den Konzertbesuch wert, das man nicht bewundern kann? Was eine Frisur für die Abendtoilette, die kein Aufsehen erregt? Sie sind kein schmückendes Beiwerk, meine Damen, sie gehören zur Zierde ihres Geschlechts.

„Und darf ich", fragt der Herr Lehmann schüchtern an, „darf ich in meinem fortgeschrittenen Alter einem schönen Mädchen nachschauen?" Aber Herr Lehmann, wie können Sie noch fragen! Sie dürfen nicht nur, Sie müssen es tun, wenn Sie das Leben lieben.

Thomas Mann steht Ihnen bei: „Warum nicht sagen, dass ich gern bewundere, mich gern verliere, dass ich mich im Grunde langweile, wenn es nichts zu lieben, zu erobern und zu durchdringen gibt? Dann fühle ich mich alt, während der Zustand der Begeisterung für irgendein Geschaffenes mich lehrt, dass ich es noch nicht bin ..."

Leben

„Süßes Leben! Schöne, freundliche Gewohnheit des Daseins und Wirkens!"

So preist Graf EGMONT in Goethes Schauspiel das Leben, im Kerker, den Tod vor Augen. Zu spät, es gibt keinen Ausweg mehr, kein Entrinnen. Mit der schönen freundlichen Gewohnheit ist es aus.

Ein durchgängiger Glücksrausch ist es sowieso nicht, das erfährt jeder von uns bald; es hat zu viele Ecken, Kanten und Haken. „Es wird einem sauer gemacht, das bisschen Leben und Freiheit." Nicht nur Götz von Berlichingen, der Mann mit der eisernen Hand, weiß davon zu berichten. Wir alle haben unsere Erfahrung.

„Wir leiden alle am Leben." So steht's lapidar in den „Maximen und Reflexionen", ohne jeden Zusatz. Kummer und Leid hat jeder am eigenen Leibe erfahren, was bedarf es da einer Erläuterung? Arthur Schopenhauer setzt noch eins drauf: „Alles Leben ist Leiden."

Nein, Herr Schopenhauer. wir nehmen Ihr Urteil nicht an, wir lieben das Leben. „Wie es auch sei, das Leben ist gut", steht bei Goethe. Sollten wir es hassen oder in Wüsten fliehen, weil nicht alle Blütenträume reiften? Wie kommen Sie überhaupt zu einem solchen Urteil? Sie, der Sie von früher Jugend an ohne materielle Sorgen und Nöte leben und das ganze Leben der Wissenschaft weihen konnten? Hat Sie Ihre Philosophie „Die Welt als Wille und Vorstellung" so trübsinnig gemacht?

Ganz philosophisch kommt PLATON daher: „Wer weiß, ob das Leben nicht ein Sterben ist / Und Sterben ein Leben?" Wollen wir uns wirklich auf dieses Glatteis begeben? Wie einem übermütigen Esel ist uns eigentlich nicht zumute. Und bei diesem Thema hat sich schon mancher die Zähne ausgebissen.

Schöne Aphorismen sind dabei herausgekommen, das ist wahr: „Das Leben ist ein seltsames Zwischenspiel." *(O'Neill)* „Leben heißt träumen, sterben heißt erwachen." *(Lohberger)* „Das Leben ist viel unbegreiflicher als der Tod; es ist viel unbegreiflicher, dass ich bin, als dass ich einmal nicht mehr bin." *(J. Günther)*

Unversehens sind wir mitten in die Philosophie geraten, aber wir müssen das Feld den Weisen überlassen, wir wollen uns nicht die Beine brechen.

Dass es kurz ist, das menschliche Leben, das wird schon im Alten Testament beklagt; es sei vergänglich wie ein Windhauch, ein Rauch oder eine Blume. Erfahrung von Jahrhunderten stehen hinter den Aussagen, dennoch meldet sich Widerspruch an. „Es ist nicht wenig Zeit, was wir haben, sondern es ist viel, was wir nicht nutzen", meint SENECA. Vor 2.000 Jahren war das offenbar nicht anders als heute. Unser Verhalten ist schon seltsam. Das Leben ist uns nur einmal gegeben, das weiß jedermann, und doch leben wir nicht mit dem Bewusstsein, dass uns dieser Durchmarsch nur einmal gegeben ist. Wie viele Stunden werden vertan, wie viele Möglichkeiten verstreichen ungenutzt? Doch wenn es uns doppelt gegeben wäre – ist das erstrebenswert? Wollen Sie wirklich noch einmal alle Nöte und Sorgen, allen Kummer und alle Mühsal erleben und durchleiden?

Die Natur hat es schon weise eingerichtet und meint es gut mit uns. „Sie nimmt uns in den Kreislauf ihres Tanzes auf und treibt sich mit uns fort, bis wir ermüdet sind und ihrem Arme entfallen. Leben ist ihre schönste Erfindung und der Tod ist ihr Kunstgriff, viel Leben zu haben." Wer hat Einwände gegen Goethes ‚Traktat' vorzubringen?"

Das Leben kommt uns in Abertausenden Formen und Farben entgegen. Die Natur setzt Kinder ohne Zahl in die Welt. Welchem Leben wollen wir den Vorzug geben? Der grazilen Gazelle oder dem schwerfälligen Elefanten? Bekommt der Adler den Preis, der hoch in den Lüften schwebt, oder der Maulwurf, der im tiefen dunklen Erdreich zu Hause ist und nie das Sonnenlicht sieht? Erhalten den Lorbeer die Wale, die größten Säugetiere, die es auf der Erde gibt, oder die Winzlinge der Nano-Welt, die auf der niedrigsten Stufe stehen, die Bakterien mit ihrer bescheidenen Größe von 0,0005 mm, ohne die aber überhaupt kein Leben möglich wäre?

„Das Leben kehrt ebenso gut in die kleinste Maus wie im Elefantenkoloss ein und ist immer dasselbe; so auch im kleinsten Moos wie in der größten Palme." Goethe hilft uns aus der Klemme und macht allem Streit ein Ende.
Beim Menschen allerdings fällt uns das Urteil nicht schwer. Der Mann ist nach den Worten des berühmten Arztes, Theologen und Philosophen des Mittelalters, Agrippa von Nettesheim, der erste, sehr unvollkommene Versuch der Schöpfung, einen Menschen zu schaffen. Wir würden heute sagen: Er ist ein Produkt der Nullserie, bei der Mängel und Schwächen unvermeidlich waren. Aus dem zweiten Versuch ging die Frau hervor, die Krone der Schöpfung. Ihre Überlegenheit ist überall sichtbar. Der Mann mag vielleicht das Feuer erfunden haben, doch die Frauen, wie man damit spielt. „Ob die Weiber so viel Vernunft haben wie die Männer", ergänzt Johann Gottfried Seume, „mag ich nicht entscheiden; aber sie haben ganz gewiss nicht so viel Unvernunft."

Überall gerät der Mann ins Hintertreffen oder geht gar leer aus. Ein Wunder ist es nicht, dass er allerorts das Gegenteil verkündet, doch es hilft ihm wenig. Er ist und bleibt der erste Versuch.

Wir Erdensöhne möchten es schon gern erfahren, warum und wozu wir hier auf der Welt sind, welchen Sinn unser Eingang und unser Ausgang aus der Welt hat. Welche Philosophie, welche Religion liefert den Schlüssel? Wer hat den Ring, den uns der Vater einst übergeben hat? Wer zählt die Bücher, die eine Antwort zu geben versuchen?

Eine treffende Antwort hält Goethe für uns bereit, die ganze Bücher ersetzt: „Der Zweck des Lebens ist das Leben selbst."
Besser und kürzer kann man es nicht sagen; alles andere fällt in den Bereich der Spekulation und des Glaubens.

Drastischer, fast sarkastisch hat einst Anton Tschechow seiner Frau, der schönen Olga Knipper geantwortet: „Du fragst, was das Leben ist? Das ist, als wollte man fragen: Was ist eine Mohrrübe? Eine Mohrrübe ist eine Mohrrübe, mehr ist dazu nicht zu sagen."
Oder können Sie mehr dazu sagen? Auf Ihre Antwort kann man neugierig sein.

Was ist das Leben? Wer entschlüsselt das Wunder, wer ist so vermessen? Spaßvögel behandeln das Thema auf ihre Art, heiter und leicht: Das Leben ist ein Spiel, in dem Gott die Karten mischt, der Teufel abhebt und wir die Stiche machen müssen.
Unser Leben gleicht einem Schachspiel: Ist das Leben der Menschen zu Ende, so kommen alle Figuren, Könige, Königinnen, Läufer, Türme, Springer und Bauern – alle in einen Sack. Das Leben ist ein Examen: Im ersten Drittel bereiten wir uns vor, im zweiten

Drittel werden wir geprüft, im dritten warten wir auf die Note. Sie wird meistens erst bekannt, wenn wir tot sind.

Hilft uns vielleicht die Dichtung weiter? „Ein Trugbild ist es nur, / Ein Schatten und flüchtiger Gedanke / Nichts als ein Traum." So können wir es bei CALDERON nachlesen. „Ein Schatten, der vorüberstreicht / Ein Märchen ist es, das ein Tor erzählt, / voller Klang und Wut, / das nichts bedeutet", verkündet Shakespeares MACBETH.

Sieh mal an, was man von Dichtern alles erfahren kann, auch wenn es uns nicht viel weiterbringt. Aber als sich in der „Braut von Messina" Don Cesar mit dem Dolche das Ende gibt und der Chor verkündet: „Das Leben ist der Güter höchstes nicht!", da wissen wir, dass es nur als Trost gedacht ist und dass wir das Urteil nicht annehmen müssen, denn das Leben, es ist das höchste und kostbarste Gut, was der Mensch besitzt, und nicht um alles Gold in der Welt ist es uns feil. Allerdings hat es nur Wert, setzt J. G. Seume hinzu, insofern es Würde hat. Wir stimmen dem lieben Seume vorbehaltlos zu.

Unser EGMONT will nicht leben, wie er soll, und kann nicht leben, wie er will – sein Schicksal scheint ihm vorgegeben zu sein. „Es glaubt der Mensch sein Leben zu leiten, sich selbst zu führen; aber sein Innerstes wird unwiderstehlich nach seinem Schicksale gezogen." Der Charakter des Menschen bestimmt sein Schicksal. So steht es schon bei den alten Griechen, so wiederholen es die Modernen. „Vielleicht ist jedem Menschen, er sei, wie er wolle, wie einem geschleuderten Ball, seine Wurfbahn vorgezeichnet, und er folgt seiner längst bestimmten Linie, während er das Schicksal zu zwingen oder zu handeln meint", lesen wir zum Beispiel bei Hermann Hesse mit dem Zusatz: „Jedenfalls ruht das ‚Schicksal' in uns und nicht außer uns." Wir sind in der Nähe der alten Schulweisheit

angekommen: Jeder ist seines Glückes Schmied. Doch wenn's stimmt, dann schmiedet jeder ungewollt auch sein Unglück selbst. Oder ist der Volksmund der Weisheit letzter Schluss: „Der Mensch denkt und Gott lenkt"?
Albert Einstein, der als Wissenschaftler an allem zu zweifeln hat, macht eine wichtige Ergänzung: „Manchmal gibt er aber dieses Amt an des Teufels Großmutter ab."

Viel kann der Mensch offenbar nicht ausrichten. Wir sind wieder bei Egmont angelangt: „Wie von unsichtbaren Geistern gepeitscht, gehen die Sonnenpferde der Zeit mit unsers Schicksals leichtem Wagen durch; und uns bleibt nichts, als mutig gefasst, die Zügel festzuhalten und bald rechts, bald links, vom Steine hier, vom Sturze da die Räder wegzulenken.
Wohin es geht, wer weiß es? Erinnert er sich doch kaum, woher er kam." – Oder wissen Sie es vielleicht?

Halten wir uns ans Leben selbst, das köstliche Wunder. Überall, wo wir es antreffen, wird es zum Erlebnis. Wenn die Mutter am Bildschirm sieht, wie das winzige Herz des Fötus, erst drei Wochen alt, zu schlagen beginnt. Wenn das Küken die Eischale durchbricht und das „Licht der Welt" erblickt. „Wenn es beginnt zu tagen, / Die Erde dampft und blinkt. / Die Vögel lustig schlagen, / Dass dir dein Herz erklingt." Wenn „der Frühling sein blaues Band wieder flattern lässt", die Wiesen in allen Farben blühen und die Bussarde bei ihrer Balz Flugkünste und Lebenslust zeigen. Überall ein großer Jubel. Wir bestaunen die zarten Flügel der Stubenfliege, und Ehrfurcht erfasst uns vor der tausendjährigen Eiche.

„Die ganze Natur ist eine Melodie, in der eine tiefe Harmonie verborgen ist. Sie hat keine Sprache noch Rede, aber sie schafft Zungen und Herzen, durch die sie fühlt und spricht." Goethe wird nicht müde, ihre Schönheit und Weisheit zu preisen.

„Das geringste Produkt der Natur hat den Kreis der Vollkommenheit in sich. Sie verwandelt sich ewig, und es ist kein Moment Stillestehen in ihr. Ihr Schauspiel ist immer neu, weil sie immer neue Zuschauer schafft. Sie wirkt nach ewigen, notwendigen, göttlichen Gesetzen. Leben ist ihre schönste Erfindung, und der Tod ist ihr Kunstgriff, viel Leben zu haben."

> „Wem zu glauben ist, redlicher Freund,
> das kann ich dir sagen:
> Glaube dem Leben; es lehrt dich
> besser als Redner und Buch."
> *(Goethe)*

Bei der „Menschennatur" geht es nicht viel anders zu. Überall pulst der Lebensstrom, wo sich Menschen zusammenfinden. Im häuslichen Leben, in der Familie, die alles zu bieten vermag: Geborgenheit, Gemeinsinn und Glück. Im Konzertsaal mit Tausenden Gleichgesinnten vereint um Brahms und Mahler. Beim Kampf gegen die Sturmflut, wo Männer, Frauen und Kinder bis zur Erschöpfung die Deiche festigen – und auch ihre Gemeinschaft. Mit hunderttausend im Stadion, um ein Fußballfest zu erleben. Man spürt den Puls des Lebens, wenn die Stahlwerker den Ofen anstechen und sich das glühende Eisen in die Formen ergießt oder wenn der Lehrling seine Gesellenprüfung ablegt und die Kenntnisse und Erfahrungen nachweist, die er empfangen hat, damit er sie einst weitergeben kann.

Leben, das ist der große Lebensstrom, der sich von Generation zu Generation durch die Jahrhunderte zieht. Er steht hoch über dem Individuum und der einzelnen Leistung. „Im Grunde sind wir alle kollektive Wesen, wir mögen uns stellen, wie wir wollen. Denn wie weniges haben wir und sind wir, was wir im reinsten Sinne unser

Eigentum nennen! Wir müssen alle empfangen und lernen, sowohl von denen, die vor uns waren, als von denen, die mit uns sind."

Goethes Worte, ausgesprochen im Todesjahr, klingen wie ein Vermächtnis. Leben ist alles in einem: Freude und Leid, Glück und Qual. Hochgefühl und Schmerz. Es ist ein großes Rätsel und ein Stück Ewigkeit.

Erkenne dich selbst

„Nosce te ipsum", heißt die Inschrift des Apollo-Tempels zu Delphi: Schon vor fast dreitausend Jahren wurden die Menschen dazu aufgerufen, sich selbst zu erkennen. Es scheint der Schlüssel für ein erfolgreiches, sinnerfülltes, vielleicht sogar glückliches Leben zu sein. Wenn man weiß, wer man ist, kennt man die eigene Bestimmung. Glücklich also, wer sich selbst erkennt.

„Wie kann man sich selbst kennenlernen? Durch Betrachten niemals, wohl aber durch Handeln." Goethes Ratschlag hilft uns auf die Spur.

Im Handeln lernen wir unsere Eigenschaften und Fähigkeiten kennen, und wir wissen bald, welcher Platz uns im Leben bestimmt ist. Charakter und Persönlichkeit treten zutage. Ich habe mich selbst erkannt.

Ist das wirklich so einfach und leicht? Mein Großvater war von vornherein dazu ausersehen, die Windmühle des Vaters weiterzuführen und wieder Windmüller zu werden, und dem Nomaden in der tibetischen Steppe wird es schon in der Wiege gesungen, dass er sein Leben lang in der Steppe verbringen wird, fern von Zivilisation und Fortschritt, und er seine Fähigkeiten nur in der Kunst des Überlebens zeigen und erproben kann, nicht im eigenen Fortschreiten. Unsere berühmte Formel „Wer bin ich?" verwandelt sich zur Wendung „Was bin ich?" Ein tüchtiger Nomade. Wir sind beim Beruferaten von Robert Lembke angekommen, jahrelang hat er uns im Fernsehen damit kurzweilige Unterhaltung geboten.

„Erkenne dich! Was soll das heißen?
Es heißt: Sei nur und sei auch nicht!
Es ist eben ein Spruch der lieben Weisen,
der sich in der Kürze widerspricht."

Nicht nur Goethe, auch viele andere haben sich über die Forderung nach Selbsterkenntnis lustig gemacht. Sie ist zumeist eine Fiktion, die an der Realität scheitert. Im Hintergrund kichert Karl Marx und reibt sich die Hände: „Ich hab's ja immer gesagt, die Umstände, die lausigen Umstände, die vermasseln uns die ganzen Ideale"; und ein gewisser Bertolt Brecht bringt mit einem frechen Song eine Ergänzung: „Erst kommt das Fressen und dann die Moral." Ein bisschen derb und direkt wird der Höhenflug unserer Weisen gestoppt, aber so ganz falsch ist das sicher nicht.

Wenn wir Theodor Fontane befragten, könnte er uns seine Geschichte erzählen: „Wer ich bin? – Das habe ich lange nicht gewusst, Jahrzehnte eigentlich nicht. Erst bin ich Apotheker geworden; der Vater hatte ein Geschäft und wollte es so. Mit 28 Jahren habe ich das Pharmazeutenexamen bestanden – war ich nun der, der ich sein wollte? Ich bin ausgestiegen, habe mein Brot an Zeitungen als Reporter und Redakteur verdient. Viel Mühe und Verdruss hat mir das gebracht und nicht genügend Geld für die Familie. Da bin ich in den Staatsdienst gegangen mit festem Gehalt und sicherer Pension – meiner Frau zuliebe. Drei Monate habe ich das preußische Kultusministerium ertragen,"ein durch und durch verlodertes, ein unsagbar elendes, von einem anständigen Menschen gar nicht zu tolerierendes Institut." Ich habe gekündigt und den Ort meiner Leiden voll Hass verlassen, meine Emilie bekam einen Nervenzusammenbruch, aber das konnte meinen Sinn nicht ändern, die Würfel waren gefallen: Alle Abhängigkeit und Bevormundung wollte ich abschütteln, und freier Schriftsteller wollte ich sein. Darin sah ich meine Berufung.

„In den Jahren, wo die meisten Schriftsteller die Feder aus der Hand zu legen pflegen, kam ich in die Lage, sie noch einmal fest in die Hand nehmen zu müssen. Ich fange erst an. Nichts liegt hinter mir, alles vor mir, ein Glück und ein Pech zugleich. Missglückt es mir, so bin ich verloren." Es war ein kühnes Unterfangen, ein verwegener Schritt, aber es gab für mich kein Zurück mehr.

Das war 1879, damals war Fontane 60 Jahre alt. Spät war es, aber noch nicht zu spät, das Leben neu zu bestimmen. Aber kurios ist das schon, sich im hohen Alter einer solchen Unsicherheit auszusetzen und das Schicksal herauszufordern. Es ist eben nicht so leicht, zu sich selbst zu finden ...

Wir kennen den mühevollen Weg und das Ergebnis. Es dauerte Jahre, bis er mit „Schach von Wuthenow" (1882) und „Irrungen, Wirrungen" (1888) erste ansehnliche Erzählungen vorlegen konnte. 1892 erschien der erste Roman, der für Aufsehen sorgte: „Frau Jenny Treibel". Drei Jahre später – Fontane war nun Mitte siebzig – gelang ihm die Krönung seines Schaffens: „Effi Briest", ein Roman der Weltliteratur. In den letzten Lebensjahren vollendete er noch die Romane „Mathilde Möhring" und „Der Stechlin", ein philosophisch-literarisches Alterswerk. Theodor Fontane wurde zum bedeutendsten Romancier der deutschen Literatur des 19. Jahrhunderts.

In die Wiege war ihm diese Bestimmung nicht gelegt worden. Anlagen und Eigenschaften müssen erkannt, entwickelt und mit Mut und Beharrlichkeit umgesetzt werden. Und zu Häutungen und Erneuerungen muss man fähig und bereit sein. Nichts liegt von vornherein oder gar unverrückbar fest. Wandlungen gehören zur Persönlichkeitsentwicklung und zur Selbstverwirklichung. „Wer bin ich eigentlich?" In jeder entscheidenden Etappe des Lebens ein anderer.

> „Und solang du das nicht hast,
> Dieses: Stirb und werde!
> Bist du nur ein trüber Gast
> Auf der dunklen Erde."
> (Goethe)

Die Frage „Wer bin ich?" erlaubt nur eine temporale Antwort. Wer war Napoleon, als er 1793 mit der überraschenden Eroberung der Festung Toulon zum ersten Male die Aufmerksamkeit auf sich zog? Ein junger Artillerie-General, mehr nicht; niemand hat damals in ihm den großen Mann des Jahrhunderts vermutet oder erkannt. War es etwa die Bestimmung Albert Schweitzers, der bedeutende Arzt von Lambarene zu werden? Wer zählt die Erkenntnisse und Zwischenstationen, die dazu erforderlich waren?

Immer wieder stehe ich fasziniert vor dem Lebensweg des Martin Niemöller: Seekadett der Kaiserlichen Marine, U-Boot-Kommandant im Ersten Weltkrieg, Kommandant eines Bataillons der Akademischen Wehr Münster gegen den Ruhraufstand, Pfarrer in Berlin-Dahlem, Vorsitzender des „Pfarrernotbundes", Verhaftung und „persönlicher" Gefangener Hitlers in den Konzentrationslagern Sachsenhausen und Dachau, Kirchenpräsident der Evangelischen Kirche in Hessen und Nassau, Gegner der Wiederbewaffnung der Bundesrepublik, Präsident der Deutschen Friedensgesellschaft, Absetzung als Leiter des Kirchlichen Außenamtes, Teilnahme an den Ostermärschen, Ehrenpräsident des Weltfriedensrates, Auszeichnung mit dem Lenin-Friedenspreis und dem Bundesverdienstkreuz – welche Wendungen, welche Wandlungen! Aber sonst wäre er nur „ein trüber Gast auf der dunklen Erde" geblieben ...

Man muss den Mut haben, Kurskorrekturen vorzunehmen. Dafür ist es nie zu spät. Theodor Fontane und Martin Niemöller geben uns Beispiele. Nicht alles kann gleich in jungen Jahren gelingen und nicht alles kann gleich vollkommen sein. Und man muss auch w a r t e n können; zuweilen bringt erst das Alter Erfüllung.

„Fontane musste alt werden, um ganz er selber zu werden", schreibt Thomas Mann 1928 in seinem Essay über Fontane. „Es gibt offenbar Naturen, denen das Greisenalter das einzig Gemäße ist, klassische Greise sozusagen ... Man betrachte seine Bildnisse, jugendliche und später. Man vergleiche das blasse, kränklich-schwärmerische und ein bisschen fade Antlitz von einst, mit dem prachtvollen fest, gütig und fröhlich dreinschauenden Greisenhaupt, um dessen weiß überbuschten Mund ein Lächeln rationalistischer Heiterkeit liegt, wie man es auf gewissen Altherrenporträts des achtzehnten Jahrhunderts findet – und man wird nicht zweifeln, wann dieser Mann und Geist auf seiner Höhe war, wann er in seiner persönlichen Vollkommenheit stand ... Es zeigt den unsterblichen Fontane."

Gespräche

Du bist ein ehrenwerter Mann. Nie käme es dir in den Sinn, falsch Zeugnis von dir abzulegen. Gleich gar nicht von anderen Menschen. Du gibst dich, wie du bist, offen und ehrlich. Man sieht dir von Weitem an, wer du bist. Wer sich verstellt und sich anders gibt, als er ist, verleugnet sich selbst. Man muss sich selbst treu bleiben. Verstellung ist Lüge. „Üb immer Treu und Redlichkeit", heißt es im Lied, und so soll es auch bleiben.

Dein Credo ist aller Ehren wert, du bist „eine ehrliche Haut" wie Mutter Wolfen in Gerhart Hauptmanns „Biberpelz", aber ein bisschen wollen mir doch Zweifel kommen. Ich darf dich an dein erstes Rendezvous erinnern. Du hättest die schöne kluge Lucie nicht gewinnen können, wenn du ihr in den ersten Stunden gestanden hättest, dass du dich nur für Fußball interessierst und von Goethe nicht viel kennst. Und etwas herausgeputzt hattest du dich auch, denn Eindruck wolltest du schon auf sie machen. Und ging es nicht ähnlich zu, als du dich bei deiner Firma vorgestellt hast, um den Posten zu erhalten, um den sich viele Konkurrenten beworben hatten? Und warst du etwa so redlich und hast dem Chef auch deine Schwächen und Fehler gestanden? Ehrlichkeit bringt's weit, doch ohne eine gewisse Verstellung, so scheint mir, kommt kein Mensch aus.

Der alte Mann hat nichts mehr zu gewinnen und zu verlieren, aber Blöße will er sich nicht geben. Im Gespräch steckt er Alter und Gebrechen weg. Er tut gut daran, denn Klage- und Entsagungslieder anzustimmen hilft keinem. Wird sein Leben dadurch erträglicher? Verschwinden dadurch etwa die Altersbeschwerden, die ihm zu schaffen machen? Und welchen Nutzen hat der Gesprächspartner davon, wenn man ihm seine Leiden klagt? Es hat noch nie geschadet, sich im Zaume zu halten und ein Gespräch mit Geist und Charme zu beleben. Wenn es gelingt, sich eine Stufe höher zu stellen und auf andere Menschen auszustrahlen, dann haben alle davon Gewinn. „Wenn wir die Menschen nur so nehmen, wie sie sind, so machen wir sie schlechter; wenn wir sie behandeln, als wären sie, was sie sein sollten, so bringen wir sie dahin, wohin sie zu bringen sind." *(Goethe)*

Du musst über dich hinauswachsen und in gewissem Sinne anders sein, als du bist. „In einer Gesellschaft, in der man sich nicht verstellt, in welcher jeder nur seinem Sinne folgt, kann Anmut und Zufriedenheit nicht lange wohnen." Das steht im „Wilhelm Meister", Goethe können wir vertrauen, dahinter stehen Erfahrungen.

Aber „verstellen" – geht das nicht zu weit, ist das mit Falschheit verbunden? Offenbar hat das bei Goethe einen anderen Sinn. Anmut und Zufriedenheit sollen in der geselligen Runde herrschen, nicht Einfall und Beschränktheit. Ihm geht es um die Kunst des Gesprächs. Schwatzen ist keine Kunst, wohl aber Reden.

Du wirst es auch schon öfter beobachtet und bedauert haben, wie schnell ein Gespräch verflacht und unbemerkt und ungewollt in den Alltag und in Allerweltsthemen abgleitet. Treffen gute Partner zusammen, sind auch aus dem Stegreif heraus Wunder möglich, doch selten tritt dieser Fall ein. Überlässt man das Gespräch dem Zufall, bringt es oft wenig Gewinn.

Da hilft nur eins, mein Freund: Vorsorge treffen, sich auf die Begegnung einstellen, die Interessen der möglichen Gesprächspartner erwägen und den Beitrag bedenken, mit dem man dem Kreis am besten dienen (und erhöhen) kann. Jeder kann zur Kultur der Geselligkeit beitragen und mit neuen oder originellen Gedanken oder mit eigenen Erlebnissen die Runde beleben und bereichern.

Die Forderung Lichtenbergs, im Denken und Handeln „nicht unter seiner Zeit zu bleiben", lässt sich ins Persönliche erweitern: „Schöpfe deine Möglichkeiten aus und bleibe nicht u n t e r deinem Wert."

Wenn du alle Register deines Könnens gezogen hast, werden die Partner staunen und vielleicht von dir denken oder sagen: „Nichts geniert ihn, nichts engt ihn ein, nichts zieht den Flug seiner Gedanken herab; was in ihm von großen Gedanken lebt, geht immer frei heraus ohne Rücksicht und ohne Bedenken. Das war ein rechter Mensch, und so sollte man auch sein!" Auch dein Fortschreiten wird den Partnern nicht entgehen: „Wenn man ihn nach acht Tagen wiedersieht, findet man ihn anders und staunt und weiß nicht, wo man ihn anfassen kann." Du musst keine Sorge haben, dass du den Bogen überspannst: Mit Sicherheit geht erst ein Kamel durch ein Nadelöhr, ehe man von dir sagen wird: „Ihm ist eine echte Christustendenz eingeboren; er berührt nichts Gemeines, ohne es zu veredeln."

Ich habe gemogelt, ich will es gestehen und habe dir die Worte Goethes untergeschoben, mit denen er einst seinen Freund Schiller bewundert hat. Du brauchst dein Licht dennoch nicht unter den Scheffel zu stellen. Lass es leuchten auf deinen Wegen und mache dir einen guten Namen.

Über Toleranz

Es war einige Jahre vor der „Wende", ungefähr 1985, da gab es auf dem Leipziger Markt eine kleine Sensation. Ein junger Mann lief selbstbewusst über den Platz und alle Leute sahen ihm nach, die einen mit unverhohlener Freude, andere missbilligend. Warum?

Seine Haare reichten weit in den Nacken, damals ungewöhnlich und von der Obrigkeit unerwünscht, roch es doch nach „Westkultur", vertrug es sich doch nicht mit dem „sozialistischen Menschenbild", in das alle gepresst werden sollten. Er ahnte den Aufruhr, hatte ihn auch beabsichtigt, denn auf seine Jacke hatte er hinten groß und deutlich mit Kreide geschrieben: *„Deine Frisur gefällt mir auch nicht!"* Nie werde ich diesen Tag vergessen. Ein junger Mann, ein H a a r s c h n i t t kündigte den Untergang der DDR an ...

Warum soll nicht jeder eine Frisur tragen, die ihm gefällt? Warum soll nicht jeder „nach seiner Fasson" selig werden? Schon der Alte Fritz hatte das verkündet, doch die Toleranz hatte im „Sozialismus", wie man ihn damals verstand, keinen Platz. Man hatte aufgegeben, was Grundlage einer gesitteten Gemeinschaft ist. Ohne Toleranz herrscht Enge, Bevormundung, Unfreiheit. Ohne Toleranz ist alles auf Sand gebaut. Ohne Toleranz kommt kein Mensch aus, ohne sie ist kein Zusammenleben möglich. Das gilt schon für die kleinste Gemeinschaft, die Ehe. Selbst wenn sie im Himmel geschlossen wurde – ohne Toleranz kann sie nicht bestehen, zu unterschiedlich sind die Interessen, Neigungen, Begabungen, Eigenheiten und der Charakter. Toleranz sorgt für Ausgleich. Wird dem Partner kein Freiraum gegeben, sitzt er wie ein Vogel im Käfig, und es nützt nicht viel, wenn es ein „goldener Käfig" ist.

Toleranz ist eigentlich das Einfachste der Welt. Sie ist an ein paar einfache Wahrheiten geknüpft: Es gibt nicht nur eine Wahrheit. Der eigenen Individualität sind Grenzen gesetzt, andere Menschen haben Eigenschaften und Fähigkeiten, die man selbst nicht besitzt. Die eigene Sicht auf Dinge und Menschen ist immer begrenzt und bedarf der Ergänzung, Toleranz hat mit demokratischer Haltung zu tun. Was man sich selbst zugesteht, muss man auch für alle anderen gelten lassen.

„Freiheit", heißt es bei Rosa Luxemburg, „ist immer die Freiheit des Andersdenkenden." Die Toleranz berührt das Wesen des Menschen. Wo der Mensch geachtet wird, ist sie zu Hause; wo sie nichts gilt, macht sich Unmenschlichkeit breit. Toleranz ist eine humane Gesinnung und führt zum Pluralismus.

Unübersehbar sind die Vorteile der Toleranz: Sie baut Brücken, sie ist auf Friedfertigkeit gerichtet, Konflikte werden abgeschwächt, Fehden nicht ausgetragen, die Lanze bleibt eingezogen, das Schwert in der Scheide. Aber sie hat ihre Grenzen. Ansichten und Haltungen können so gegensätzlich sein und sich so schroff gegenüberstehen, dass kein Ausgleich möglich ist, ohne seine Überzeugung zu verleugnen und seine Persönlichkeit aufzugeben.

Die einen fordern für den Kinderschänder die Todesstrafe, die anderen lehnen sie grundsätzlich ab. Die einen fordern das Recht auf Abtreibung, die anderen stellen sich schützend auch vor das ungeborene Leben. Weil es keine feststehenden, allgemeingültigen moralischen Normen geben kann, wird die Toleranz in die Enge getrieben und hat keinen Platz, sich zu entfalten.

Es gibt nur e i n e Instanz, die Toleranzgrenze abzustecken: das e i g e n e   I c h. Es hat das Recht, sich abzugrenzen und einen eigenen Standpunkt einzunehmen, und niemand hat das Recht, sich einzumischen und die freie Entscheidung anzufechten. Man kann und muss ablehnen, was den eigenen Erfahrungen und Überzeugungen widerspricht und dem eigenen Wesen fremd ist.

Inhalt und Umfang der Toleranz werden von der eigenen Persönlichkeit bestimmt. Die Persönlichkeit und die Würde des Menschen sind unantastbar, sie sind verbriefte Menschenrechte. Vor ihnen muss auch die Toleranz schweigen.

Individualität

„O selig, ein Kind noch zu sein!" Es ist die schöne Zeit, wo der Himmel blank und der Tag noch jung ist. Große Hoffnungen werden an das junge Leben geknüpft, die Kindesseele kann sich in alle Richtungen dehnen und strecken. Wer weiß, was alles noch werden mag. Ist man den Kinderschuhen entwachsen, markieren oft Muster oder Ideale den Weg. Vorbilder sind wie Sterne am Himmel, die Richtung angeben und Ziel. Man möchte ein Libero werden wie Franz Beckenbauer, über das Eis schweben wie Peggy Flemming, von Sieg zu Sieg eilen wie Stefanie Graf. Die Sportidole verbreiten tausendendfachen Segen, sie sind Beispiel und Ansporn, stacheln den Ehrgeiz an, geben das künftige Leben vor ...

Doch eins wissen die Kinderseelen noch nicht: Man kann wohl in die Fußstapfen der Idole treten, doch selbst im Sport kann es nur bei billiger Nachahmung bleiben. Es kann keinen neuen Beckenbauer geben, Peggy Flemming bleibt unerreichbar, und eine Steffi Graf gibt es in der Tenniswelt nur einmal. Individualität ist nicht kopierbar, nicht einmal nachahmen lässt sie sich; Kopien sind albern, lächerlich, müssen misslingen. Man jagt Idolen nach, entwickelt seine Fähigkeiten – und kommt bei sich selbst an. Herrlich! Neue Fußballstars werden geboren, neue Eisprinzessinnen, neue Tennisköniginnen. Muster stehen am Anfang, Äußerlichkeiten sind die Triebkraft, die schöne Individualität ist das Ergebnis.

Es ist etwas Wunderbares um die Individualität. Sie bringt Farbe in das Leben, macht es reich und lebenswert. Hätten alle Menschen die gleichen Anlagen und Fähigkeiten, würden sie sich in Haltung und Einstellung nicht unterscheiden, hätten sie gar die gleichen Gesichter – das Leben wäre die Hölle. „Wiederholung ausgeschlossen!", steht auch über den echten Werken der Kunst. Man hört im Radio einige Takte und ruft sofort aus: „Das ist mein Brahms!" Man sieht ein unbekanntes Gemälde und erkennt seinen Renoir. Originalität ist das Geheimnis der Kunst. Vorbilder? „Selbst vollkommene Vorbilder machen irre", meint Goethe, der Künstler werde meistens „am Ziel vorbei in einen grenzenlosen Irrtum geführt." Wer wagt dem MEISTER zu widersprechen?

Individualität ist das Zauberwort. Wo ihr Herz schlägt, pulsiert das Leben. Sie steckt auch Größe und Grenzen des Glücks ab. „Durch die Individualität eines Menschen ist das Maß seines möglichen Glückes im Voraus bestimmt." So unrecht wird der Herr Schopenhauer nicht haben. Jedem scheint sein Kreis abgesteckt zu sein. Beethoven muss in seiner Musik leben, Napoleon seine Sendung erfüllen. Ein bisschen Fluch hängt offenbar an der Individualität. Zurück kann niemand mehr, wenn die Richtung bestimmt und die Bahn begonnen ist, oder heraustreten aus ihrem Schatten und ein anderes Wesen annehmen, „ist doch jeder Mensch in seiner Individualität gefangen" und gezwungen, seine Bahn auf seine Weise zu vollenden. (Goethe) Die Individualität hält uns gefangen – und nimmt uns gefangen, sobald wir sie in „schönen Seelen" erleben. Das Glück der Begegnung bleibt fest im Gedächtnis haften, auch über Jahrzehnte hinweg.

Ich habe es mit einer jungen Bulgarin erfahren. Sie war mit einem Deutschen verheiratet und hatte schon zwei Kinder im Alter von vier und sieben Jahren. Sie war alles andere als eine „Schönheit", man konnte sie nicht einmal „hübsch" nennen. Sie war relativ klein, hatte keine besondere Figur, der Ansatz zu späterer Fülle war nicht zu übersehen. Die Beine entsprachen dem Körper: Sie waren ein bisschen zu kurz und ein bisschen zu dick; von „wohlgeformten Beinen", auf denen wohlgefällig die Blicke der Männer ruhten, konnte nicht die Rede sein. Sie war eben „eine ganz gewöhnliche

Bulgarin". Durch nichts hob sie sich von anderen ab, höchstens dadurch, dass sie sich immer sehr einfach kleidete; „sich schick machen" lag ihr nicht. Es wäre ihr wahrscheinlich so vorgekommen, als würde sie ihre eigene Natur verraten. Es gibt also nichts Besonderes von ihr zu berichten, und dennoch war es eine so eigenartige Frau, wie ich sie nie wieder in meinem Leben angetroffen habe. Sie war eine ungewöhnliche Persönlichkeit.

Ganz auf Leben und Lebensfreude eingestellt, hatte sie doch eine besonnen-bedächtige Grundhaltung – was für eine herrliche Mischung! Wo sich andere ereiferten, blieb sie ruhig und gelassen und machte erhitzte Gemüter betroffen. Doch so weit kam es in ihrer Gegenwart zumeist gar nicht. Ihre Haltung ließ Unbesonnenheit oder Streit nicht zu. Man musste sich ihr anpassen, sonst hatte man bei ihr verloren. Alles, was sie tat, auch das Einfachste, machte sie mit Anteilnahme und Empfindung und oft mit einer solchen Bedächtigkeit, als ob es eine heilige Handlung sei, zu der sie nie wieder Gelegenheit hätte. Für sie gab es keinen Unterschied zwischen Großem und Kleinem. Ob sie im vornehmen Restaurant speiste oder am Imbissstand an der Straße eine Bratwurst aß – das eine wie das andere machte sie andächtig, fast feierlich, dass man selbst davon angesteckt wurde und nicht anders konnte, als es ihr gleichzutun. Es war eine Freude, das zu sehen, und unwillkürlich musste man sich ihr anpassen. In ihrer Gegenwart wurde man besser, ihr Wesen übertrug sich auf die eigene Einstellung und Haltung. Wenn sie dann aus dem Gesichtskreis verschwunden war, fühlte man sich wie ein verlassenes Kind; sah man sie dann wieder, war die Freude groß, es war wie Weihnachten, und das Hochgefühl, mit ihr umzugehen, steht mir vielleicht heute noch im Gesicht geschrieben, wenn ich an sie denke oder über sie spreche.

Und wie sie über Menschen, Dinge und Verhältnisse sprach – auch das war unnachahmlich. Jedes Thema wurde so ruhig und nachdenklich, zuweilen sogar verträumt behandelt, dass selbst Belangloses erhöht wurde und lange im Gedächtnis haften blieb – ob es sich um ein Buch handelte, das sie gelesen hatte, die Begegnung mit einem Freund, einen Spaziergang oder „nur" um einen Besuch beim Friseur. Alles brachte sie zum Singen und Klingen. Man dachte unwillkürlich an den schönen Vers Eichendorffs:

> „Es schläft ein Lied in allen Dingen,
> Die da träumen fort und fort,
> Und die Welt fängt an zu singen,
> Triffst du nur das Zauberwort."

Ja, genau das machte ihre Haltung und ihre Sprechweise aus. Alles bekam bei ihr Bedeutung und Größe, auch das Alltägliche und Gewöhnliche ... Ein Gespräch mit ihr war immer ein kleines Ereignis. Alles, was sie sah und erlebte, blieb gleichsam in ihrem Gemüte stehen.

Ihre unausgesprochene Devise schien zu sein: Alle Dinge haben eine Seele, man muss sie nur suchen und entdecken. Es war ein behutsames Annähern an die Dinge, um ihre Einmaligkeit zu begreifen. Es war ein stilles Lob auf die Schöpfung.

Ja, Boschidara Blaskowa selbst war eine stille, schöne Größe. „Hübsch" war sie nicht, aber sie hatte ein so sanftes, schönes Gemüt, dass auch ein Rauhbein sanft geworden wäre, hätte es ihren Umgang genießen können. „Die Individualität eines Menschen ist ein wunderlich Ding", lesen wir in der „Italienischen Reise", und da wir unsere eigene keimen und schätzen, „ist es unsere Pflicht, die der anderen zu betrachten, zu erkennen und zu lieben." Mit einem solchen Gedanken kann uns nur der MEISTER entlassen, sonst niemand. Man muss etwas sein, um Ungewöhnliches zu sagen.

„Lies nicht so viel!"

Noch meine Großmutter sah es nicht gern, wenn ich „über Büchern hockte", wie sie sich etwas missbilligend ausdrückte. Bücher brächten kein Brot, Lesen mache nicht satt. Die Bitte „Unser täglich Brot gib uns heute" verlange Mühe und Eifer. Ohne Fleiß kein Preis.

Recht hatte sie natürlich, die gute Großmutter, wie immer. Literatur verändert das Leben nicht. In 50 Sprachen wenigstens ist „Im Westen nichts Neues" von Erich Maria Remarque übersetzt worden, Hunderte, Millionen Menschen haben das Buch gegen den Krieg gelesen, es soll nach der Bibel das meistgedruckte Buch der Welt sein. Und was hat es genützt? Nichts. Schon zehn Jahre nach seinem Erscheinen (!) begann der Zweite Weltkrieg, das Barbarischste, was die Welt bis dahin erlebt hatte, und nach diesem Völkergemetzel ohnegleichen haben inzwischen wenigstens 300 kleine und große Kriege in der Welt stattgefunden, viele wurden sogar im Namen der Freiheit und Demokratie vom Zaune gebrochen. Für Schrecken und Fluch findet sich immer ein Grund.
Bücher können gar nichts ausrichten. Der beste Antikriegsroman der Weltliteratur hat nichts, aber auch gar nichts zuwege gebracht, das ist die bittere Wahrheit.

Paul Bäumer, der Held des Romans, schreibt angesichts des sinnlosen Mordens und Sterbens: „Wie sinnlos ist alles, was je geschrieben, getan, gedacht wurde, wenn so etwas möglich ist! Es muss alles g e l o g e n und b e l a n g l o s sein, wenn die Kultur von Jahrtausenden nicht verhindern konnte, dass diese Ströme von Blut vergossen wurden, dass diese Kerker der Qualen (die Lazarette) zu Hunderttausenden existieren. Erst das Lazarett zeigt, was der Krieg ist."

Wenn Bücher so wenig vermögen und gleich gar nicht in der Welt etwas verändern können – warum nur nehmen wir Romane zur Hand? Welchen Nutzen soll das bringen?

Für den Literaturfreund ist alles ganz einfach. Er staunt, dass der Wert seiner Leidenschaft angezweifelt wird, und hält sofort eine Menge Antworten bereit, die alle Einwände entkräften: Du erlebst Menschen, die ganz anders sind als du selbst. Du siehst in die Tiefen der menschlichen Seele, auch in ihre Abgründe. Du lernst Gefühle und Leidenschaften kennen, die dir verborgen sind. Du wirst mit extremen Situationen bekannt, die dir verschlossen waren, und siehst, wie sich Menschen bewähren oder versagen. Du kannst deine Menschenkenntnis erweitern, ohne die Schwelle deines Hauses zu übertreten. Du wirst zum Nachdenken über dich selbst gebracht und siehst dich mit Abstand. Du lernst dich selber besser kennen, deine Vorzüge, Schwächen und Grenzen. Du wirst reicher, nicht nur an Wissen, Kenntnissen und Erfahrung. Du tauchst in die Vergangenheit ein und stehst doch mitten im Leben. Du legst deine Vorurteile ab, du wirst toleranter, reifer, menschlicher.

Kunst nimmt mitunter auch etwas Zukunft vorweg: Jedes große Kunstwerk, meint Ernst Bloch, hat Fenster, durch die man in Landschaften blicken kann, die sich erst bilden. Sind das nicht Gründe genug, Bücher hochzuhalten und immer wieder zum Buch zu greifen?

Vieles also kann die Literatur leisten, aber eines kann sie mit Sicherheit nicht: dir Anleitung für dein Handeln zu geben. Sie vermittelt dir keine Z i e l e , sie kann höchstens an Beispielen W e r t e und vielleicht sogar gewisse Normen ausdrücken, die dir Richtschnur sein können, mehr aber vermag sie nicht zu leisten.

In Goethes „Maximen und Reflexionen" findet sich ein guter Rat:

„Jüngling, merke dir in Zeiten,
Wo sich Geist und Sinn erhöht,
Dass die Muse zu g e l e i t e n,
Doch zu l e i t e n nicht versteht."

Womit das zusammenhängt? Literatur vermittelt L e b e n, oft pralles, volles Leben, aber keine Realität. Sie vermittelt poetisch gestaltete Wirklichkeit, K u n s t w a h r h e i t, um den schönen Begriff zu gebrauchen, den Goethe geprägt hat, Schönheit und Sprachkultur, aber sie ist nicht mit dem Leben identisch. Gestalten und Situationen der Literatur haben immer Ungewöhnliches an sich: hier treten sie uns erhöht-idealistisch entgegen, dort komisch-lächerlich, hier sind sie märchenhaft-fantastisch, dort derb-naturalistisch. „Normal" ist nichts in der Kunst, das „Gewöhnlich-Alltägliche" suchst du vergebens in ihr. „Literatur", meint Hans Mayer, „behandelt stets A u s n a h m e f ä l l e." Wie also könnte man in der Literatur Anleitung für das eigene Leben erwarten?

„Ein Blick ins Buch und zwei ins Leben,
das wird die rechte Form dem Geiste geben."

In zwei Zeilen spricht Goethe aus, worauf es ankommt. Jeder muss das Leben und sich selbst befragen, um den Weg zu finden, der seinem Charakter entspricht. Seinen Lebensinhalt muss jeder selbst abstecken und bestimmen. Literatur und Kunst können dabei nur einen bescheidenen Beitrag leisten. Sie können bei der Entwicklung der Persönlichkeit höchstens Pate stehen – aber ist das nicht schon viel und genug? „Die Jugend soll ihre eigenen Wege gehen, aber ein paar Wegweiser können nicht schaden", meint Pearl S. Buch.

Aufs L e s e n selbst kommt natürlich viel an. Auch das will geübt sein. Fluchen lernt sich leichter als Lesen. Friedrich Nietzsche lässt seinen Groll am oberflächlichen Lesen aus: „Die schlechtesten Leser sind die, welche wie plündernde Soldaten verfahren; sie nehmen sich einiges, was sie brauchen können, heraus, beschmutzen und verwirren das übrige und lästern auf das Ganze." Goethes Rat zielt auf die richtige Auswahl: „Man liest viel zu viel geringe Sachen, womit man die Zeit verdirbt und wovon man weiter nichts hat. Man sollte eigentlich immer nur das lesen, was man *bewundert* wie ich es in meiner Jugend getan habe ..."

An anderer Stelle fordert er, dass der Leser das Gelesene schöpferisch verarbeiten, sich *produktiv* verhalten müsse, weil es sonst wenig oder keinen Nutzen bringe. Und *vorurteilslos* solle der Leser das Buch aufnehmen.

> „Welchen Leser ich wünsche?
> Den unbefangenen, der mich,
> Sich und die Welt vergißt
> und in dem Buche nur lebt."

Unser Eichendorff setzt noch eins drauf: „Das sind die rechten Leser, die über dem Buche mit *dichten*. Denn kein Dichter gibt einen fertigen Himmel; er stellt nur die Himmelsleiter auf von der schönen Erde." Wie heißt es im „Vorspiel auf dem Theater"? „Der Worte sind genug gewechselt. Lasst mich auch endlich Taten sehn." Wer nicht liest, der lebt nicht. Frisch also ans Werk. Es gilt, ein Himmelreich zu bezwingen.

Über die Dummheit

Die Dummheit ist ein universales oder, wie man heute sagt, ein globales Problem; aber keiner gibt zu, dass er zur Kategorie der geistig Minderbemittelten gehört. Oder haben Sie schon mal jemanden gehört, der laut verkündet: „Ich bin dumm"?

In uns allen steckt etwas von dem Bürgermeister von Saardam: „O, ich bin klug und weise und mich betrügt man nicht." Wir posaunen es nur nicht in die Welt hinaus wie unser Opernheld, wir halten uns zurück, wir könnten uns im nächsten Augenblick blamieren, das gilt es zu verhindern.

Sie haben Schwierigkeiten, das Wesentliche zu erkennen, Beziehungen zu erfassen? Sie bleiben zumeist im Konkreten stecken, jede Abstraktion und Verallgemeinerung fällt Ihnen schwer? Ich sag's doch, Sie sind geistig minderbemittelt, zehn Prozent der Menschheit fallen unter diese Kategorie. Sie gehören dazu. Machen Sie sich nichts draus, sie gehören zu den zehn Prozent der Glücklichen, die unbeschwert in den Tag hineinleben. „Verstand schafft Leiden." Zu viel Verstand ist zudem gefährlich. „Er hatte so viel Verstand", steht bei Lichtenberg, „dass er zu nichts mehr in der Welt zu gebrauchen war." Wie mein Nachbar, beschäftigt sich mit höherer Mathematik und fährt einen Porsche, gar nicht mal so ungeschickt, aber nicht mal die Scheibenwischer an seinem flotten Schlitten kann er auswechseln. Es gibt Steine, über die auch ein Kluger fällt.

Sie haben auch gewisse Schwierigkeiten? Dummheit ist Denkschwäche. Dafür können Sie doch nichts. Der Sigismund kann doch auch nicht dafür, dass er so schön und bei den Frauen so gern gesehen ist. Bekennen Sie sich doch zu Ihrer Denkschwäche! Das erspart Ihnen lange Erklärungen, wenn Sie eine Dummheit machen.

Dummköpfe werden gebraucht. „Ein geistreicher Mann würde ohne die Gesellschaft von Dummköpfen oft in Verlegenheit sein." Das steht bei La Rochefoucauld. Je mehr Dummköpfe um mich sind, umso mehr kann ich glänzen. Und auch im Supermarkt ist die Klugheit nicht allzu sehr gefragt. Da sind die Dummen gern gesehen. „Wenn die Dummen zum Markt gehen", sagt das Sprichwort, „kriegen die Kaufleute Geld." Der Umsatz steigt. die Wirtschaft floriert, und allen geht es gut, den Klugen und den Dummen. Die Händler arbeiten nach dem AWG-Prinzip, das ich neulich über einer Einkaufsstätte als Losung prangen sah. Was das bedeutet, das wissen Sie nicht? „Alle werden glücklich."

Für Sie, mein Herr, trifft das alles nicht zu? Sie sind intelligent und pfiffig und haben mit der Dummheit wirklich nichts zu tun? Aber Sie spielen doch Lotto, wie ich hörte!

Sie schielen nach einem Hauptgewinn, wissen aber, dass Ihre Chancen 1: 50 Millionen stehen, und dennoch spielen Sie Woche für Woche. Sie kennen die Wahrscheinlichkeitsrechnung, aber die geht Sie nichts an. Sie haben Ihre eigene Mathematik. Ihr Intelligenzdefizit springt in die Augen. Sie sind dumm, ich sag's doch. Aber das macht nichts, denn Sie gehören zu den Starken: „Mit der Dummheit kämpfen Götter selbst vergebens", lässt Schiller den Herrn Talbot sagen. Auf ihn ist Verlass, er ist Engländer und Feldherr ist er auch.

Aber trösten Sie sich, „eine Dummheit macht auch der Gescheiteste." Da bricht zum Beispiel ein 74-jähriger Mann, klug und berühmt, nach Marienbad auf, weil ihn die Leidenschaft gepackt hat – für eine Neunzehnjährige. Wir sind zufrieden mit dem Ausgang, denn unser Mann kehrt nicht mit der angebeteten Schönheit zurück, sondern „nur" mit einem wunderbaren Gedicht in der Tasche, der berühmten „Marienbader Elegie". Auch Dummheiten können ein glückliches Ende nehmen. Sie sollten Ihre Dummheit also wirklich nicht verstecken. „Die dümmsten Bauern haben die größten Kartoffeln." Der Satz gilt. Hinter Bauernregeln stehen Jahrhunderte Wissen und Erfahrung.

Und was hilft am Ende alle Klugheit? Schlaue Füchse werden auch gefangen, und auch kluge Hühner scheißen in ihr Nest. Und ändern können wir sowieso nichts an unserem traurigen Zustand. Der Mensch ist und bleibt ein primitives Wesen. Vorzüglich tritt das bei Kriegen zutage. Am Vorabend des Weltkrieges sagte Albert Einstein voller Sarkasmus: „In solchen Zeiten sieht man, welch trauriger Viehgattung man angehört."

Der Intelligenzquotient dieser Gattung ist wirklich nicht hoch. Und – das ist das Erstaunliche – der Mensch ist damit zufrieden! Zuweilen hört man von einem Mann, dass er größer und stärker, von einer Frau, dass sie schöner und anziehender sein möchte, aber haben Sie schon mal von jemandem vernommen, dass er mit seinem Verstand unzufrieden ist und dass er klüger sein möchte? Nein, die Intelligenz steht nicht hoch im Kurs. Jedem genügt sein eigener beschränkter Horizont. Zwei Dinge, meint Albert Einstein, sind unendlich: „Der Weltraum und die menschliche Dummheit." Er macht allerdings eine Einschränkung: „Beim Weltraum bin ich mir nicht sicher."

Geld passt in alle Taschen

„Nach Golde drängt,
Am Golde hängt
Doch alles! Ach, wir Armen!"

Dem Gold ist jeder hold, das weiß jedermann. Margarete beklagt es, sie selbst aber macht keine Ausnahme, zieht sogar „ein schiefes Maul", als die Mutter Schmuck und Geschmeide zum Pfaffen schafft. Gern hätte sie ihn behalten und sich wenigstens sonntags heimlich damit geschmückt. Das Geld bringt eben auch so eine einfache Seele wie Gretchen aus dem Gleichgewicht.

Ein Wunder ist es nicht. Geld gefällt. Geld stinkt nicht. Geld öffnet die Türen. Hast du Geld, so lass dich nieder, hast du keins, so scher dich wieder.

Geld regiert die Welt – und sogar die Hölle: Sobald das Geld im Kasten klingt, die Seele aus dem Fegefeuer springt. Geld lässt offenbar sogar den Teufel tanzen.

Aber Geld ist auch gefährlich: Es lockt die bösen Buben an. „Soll man dich nicht aufs schmählichste berauben, / Verbirg dein Geld, dein Weggehn, deinen Glauben", warnt uns Goethe in seinen „Maximen und Reflexionen". Und Gold kann auch zu einer Last werden: DER KLUGE HANS hat es erfahren: Der Goldklumpen, so groß wie sein Kopf, den er für sieben Jahre treue Dienste erhalten hat, drückt ihn so schwer auf der Schulter, dass er ihn gegen ein Pferd eintauscht. Und das wiederum gegen eine Kuh. Und die gegen ein Schwein. Und das gegen eine Gans. Und die schließlich gegen ein paar Wetzsteine, die ihm zu seiner Freude in einen tiefen Brunnen fallen. Und so kann er, aller Sorgen ledig, froh nach Hause zur lieben Mutter springen. „So glücklich wie ich", ruft HANS IM GLÜCK aus, „gibt es keinen Menschen unter der Sonne!"

Doch, lieber Hans, du hast mich übersehen. Ich bin nämlich auch so ein Glückskind wie du. Schon mit 60 Jahren konnte ich der täglichen Fron den Rücken kehren und nach Hause eilen, zwar nicht mehr zur Mutter wie du, aber zu Hause warteten die Weltliteratur, die klassische Musik und die Philosophie auf mich. „Ich muss in einer Glückshaut geboren sein", kann auch ich ausrufen, „denn alles, was ich wünsche, trifft ein, wie bei einem Sonntagskind. Geld und Gold braucht man nicht zu seinem Glück."

A r m allerdings darfst du nicht sein, da bist du übel dran. Arme Leute kochen dünne Suppen. Arme Leute haben wenig Vettern. Den Armen bittet man nicht zur Hochzeit. Armer Leute Weisheit hat keinen Kurs. Und selbst die Wahrheit steht auf verlorenem Posten: Eine Unze Gold wiegt mehr als ein Zentner Wahrheit. So schlimm steht's um den Armen. Er fängt den Fuchs, der Reiche trägt den Pelz. Und oft muss er für ihn die Kastanien aus dem Feuer holen, und er kann von Glück reden, wenn er sich dabei nur die Haut versengt und nicht den Kopf verliert.

Doch wir brauchen die Reichen nicht um ihren Reichtum zu beneiden. Das Geld nagt an ihnen und frisst ihre Seele auf. Monsieur G r a n d e t gibt uns das Beispiel. Kennen Sie ihn? Geld ist der große Gott, an den er glaubt. Siebzehn Millionen Franken hat er in Werten, Papieren und Gold angehäuft, doch niemand ahnt etwas von diesem unermesslichen Reichtum. Er lebt ärmlich, gönnt sich und seiner Familie nichts und stets ist er auf die gleiche Weise gekleidet. Nachts steht er auf und zählt heimlich sein Geld, ein unaussprechliches Vergnügen vergoldet dann sein Gesicht. Dann, als seine letzte Stunde kommt und der Priester das vergoldete Kruzifix seinen Lippen nähert, will er es voller Gier an sich reißen: Gold ist noch im Tode sein Leben. Salomos Satz hat sich an ihm erfüllt: „Wer Geld liebt, wird Geldes nimmer satt, und wer Reichtum liebt. wird keinen Nutzen haben. Alles ist eitel." Nehmen Sie den Roman „EUGENIE GRANDET" zur Hand. Honoré de Balzac hat für uns alles getreulich beschrieben.

Ob die Grandets von heute, die im Reichtum schwimmen und schwelgen, ähnlich denken und fühlen? C a r l o s S l i m zum Beispiel, der mexikanische Telekom-Großunternehmer, er ist der reichste Mann der Welt. Sein Vermögen wird auf 67 Milliarden US-Dollar geschätzt. Er hat seinen Rivalen B i l l G a t e s vom Thron gestoßen, den Gründer des MICROSOFT-Unternehmens, der es nur auf 59 Milliarden Dollar bringt. Muss man sich wundern, wie solch ein Reichtum zustande kommt?

Sobald einer genug Geld besitzt, fragt keiner mehr, woher er es hat. Das trifft auch auf den Topmanager J o se f A c k e r m a n n zu, den Chef der DEUTSCHEN BANK, er ist der Spitzenverdiener unter den Dax-Konzernen.

Im Jahre 2006 summierten sich seine Bezüge auf 13,2 Millionen Euro, wobei ihm „nur" 9,4 Millionen in bar ausgezahlt wurden. Monatlich fließen ihm 1,1 Millionen in seinen Beutel. Er hat ausgesorgt. Da können Sie mit Ihrer Rente sicher nicht mithalten. Reicht sie oder müssen Sie sparen und darben?

Der EON-CHEF W u l f B e r n o t a t steht auf jeden Fall besser als Sie da. Er hält die Spitze unter den Vorstandschefs der 30 Dax-Konzerne. Wie hoch seine Pension ist? Jährlich hat er einen Pensionsanspruch von 868.000 Euro, stolze 72.335 Euro im Monat. Leistung zahlt sich eben aus. Wer auf der faulen Haut liegt, aus dem kann nicht viel werden. Ein Trost bleibt ihm: „Es ist leichter, dass ein Kamel durch ein Nadelöhr gehe, denn dass ein Reicher ins Reich Gottes komme", verkündet Jesus seinen Jüngern.

Ob das auch für N a t a s h a   B e d i n g f i e l d zutrifft? Die 25-jährige britische Sängerin, „ein riesiger Karaoke-Fan", gab neulich im Karaoke-Klub „Spotlight" zu New York drei Songs zum Besten und bekam dafür 750.000 Euro Gage. Dem Verdienste seine Kronen! In einer Minute hat sie 25.000 Euro verdient! Da können Sie Faulpelz und Dünnbrettbohrer nicht mithalten. Von nichts kommt eben nichts. Das sollten Sie sich mal hinter die Ohren schreiben.

Nur eines könnte uns nachdenklich machen. Als Jesus geboren wurde, da kamen die drei Weisen aus dem Morgenlande, „gingen in das Haus und fanden das Kindlein mit Maria, seiner Mutter, und fielen nieder und beteten es an und taten ihre Schätze auf und schenkten ihm Gold, Weihrauch und Myrrhe." So steht es bei Matthäus. Dem Kindlein wird G o l d geschenkt. Erstaunlich ist das schon. Geld regiert eben von jeher die Welt. Aber danach sieht sie auch aus.

Himmelstürmer

Astronom oder Astrophysiker müsste man sein! Sensationell, nahezu atemberaubend sind die Ergebnisse, die sie vorlegen können. Der „Mann im Mond" dort oben – das ist zeitweise ein Erdenbürger, und mit Teleskopen späht man Billiarden von Kilometern in den Weltraum hinein. Da entdeckt man zum Beispiel in 150.000 Lichtjahren Entfernung eine Riesensonne, die heller leuchtet als 100 Millionen Sonnen. Da entdeckt man in 70 Millionen Lichtjahren eine Galaxie mit 44 Billionen Sonnen. Ist das überhaupt noch fassbar für den kleinen menschlichen Verstand?

> „Das ist's ja, was den Menschen zieret,
> Und dazu ward ihm der Verstand,
> Dass er im innern Herzen spüret,
> Was er erschafft mit seiner Hand."

Bedarf es der Schiller'schen Aufmunterung? Mensch und Verstand werden sich noch an manches gewöhnen müssen und manche Sensation zu verdauen haben, aber ein gefährliches Pflaster ist die Forschung nicht mehr wie vor 400 Jahren.

Giordano Bruno behauptete nur, dass die Welt unendlich sei, ewig existiert und aus sich selbst entwickelt habe – aber die Inquisition warf ihn in den Kerker, wo er sieben Jahre zubringen musste, und ließ ihn schließlich am 7. Februar 1600 auf dem Scheiterhaufen bei lebendigem Leibe verbrennen. Das Datum darf man sich ruhig merken. Galileo Galilei richtete sein Fernrohr auf den Mond und die Planeten, sah, dass der Mond Berge und Täler hat, dass den Jupiter vier Trabanten umkreisen und dass sich die Venus mit Phasen schmückt – und wieder schritt die Inquisition ein, Galilei, 72 Jahre alt, kam in Haft und musste seine Ansichten widerrufen, sonst wäre es ihm wie seinem Landsmann Bruno ergangen. So aber kam er mit „Hausarrest" und Schreibverbot davon.

Gefährlich ist die Weltraumforschung heute nicht mehr, dafür aber hochinteressant, nicht nur bei den spektakulären, sondern auch bei den „kleinen" Expeditionen ins Weltall, die sich mit „kleinen" Objekten begnügen. Klein und dick gibt auch ein Stück.

In der Hektik des Alltags werden sie leicht übersehen, viele Menschen nehmen sie gar nicht zur Kenntnis, ein Fußballspiel oder ein Popkonzert ist interessanter.

Da zieht zum Beispiel ein Kleinplanet ganz weit draußen seine Kreise – PLANETOID oder ASTEROID nennt man sie –, zwölf Milliarden km ist er von der Erde entfernt, also doppelt so weit wie der PLUTO, der kleinste Planet unsres Sonnensystems, den man deshalb erst 1930 entdeckt hat. In 10.500 Jahren umkreist unser ASTEROID einmal die Sonne; oft kommt er uns also nicht direkt unter die Augen, er macht sich rar, und nur 2.000 km ist er groß, doch dieser Winzling war nicht winzig genug, um sich zu verbergen; im Jahre 2004 wurde er entdeckt – in einer Entfernung von mehr als zwölf Milliarden km von unserer Erde! Die Astronomen haben ihn „SEDNA" getauft; der kleine Kerl braucht nun nicht mehr namenlos durch den Weltraum zu segeln, auch wenn er vermutlich zur Hälfte nur aus Eis besteht und die Temperatur seiner Umgebung auf minus 240 Grad Celsius geschätzt wird.

Kann man sich diese Leistung eigentlich richtig vorstellen? Dann verkleinern wir mal unser Sonnensystem milliardenfach, unsere Sonne wäre dann nur 1,4 m groß, unsere Erde 13 mm und sie würde 150 m von der Sonne entfernt sein. Unsere Sedna, nur 2 mm groß, ist in rund sechs km Entfernung aufgespürt worden! Das kann sich sehen lassen!

Solche Kleinplaneten gibt es Tausende, vor allem zwischen Mars und Jupiter; der kleinste hat nur 10 m Durchmesser. Sie sind nicht so weit entfernt wie die Sedna, aber mächtig weit ist das schon. Im Jahre 2001 wird eine SONDE hochgeschossen, um den Kleinplaneten „433 EROS" genauer zu erforschen, der 300 Millionen km entfernt ist von der Erde und so groß wie die Insel Sylt ist. Vier Jahre war sie unterwegs, dann gelingt die Sensation: In 35 km Höhe umrundet sie ihn mehrfach, nähert sich ihm durch ein Rekordmanöver bis auf 5,3 km, wobei ein Film gedreht wird, und dann landet sie auf dem „433 Eros" – mit etwa acht Stundenkilometern, das ist die Aufschlaggeschwindigkeit eines Fallschirmspringers. Dass die kleine Sonde mit ihren kreuzförmigen Solarsegeln und ohne Landebeine so sicher aufsetzen würde, damit hatte man nicht gerechnet – denn eine Landung war ursprünglich gar nicht vorgesehen. Die 230-Millionen-Dollar-Sonde war ein Riesenerfolg, fast eine Sensation. Jeder Quadratmeter dieses kartoffelförmigen Himmelskörpers ist nun in 200.000 Bildern dokumentiert.

Ein kleines Meisterstück vollbrachte die Raumsonde „GALILEO". Im Oktober 1989 war sie in Richtung JUPITER gestartet, sechs Jahre später erreichte sie ihr Ziel.

Sie wird mit Bravour in eine Umlaufbahn geschossen, zwei Jahre lang umkreist sie den Riesenplaneten und funkt in dieser Zeit Tausende Bilder und Daten vom Jupiter und seinen 16 Monden zur Erde hinab – oder muss man nicht sagen „hinüber"? Denn ein Oben und Unten gibt es im Weltraum nicht. Zum ersten Male wurden hochauflösende, faszinierende Bilder vom Jupitermond GANYMED gemacht, als die Sonde in 1.000 km Entfernung an ihm vorbeizog. Noch nie gab es auch Aufnahmen von den Monden THEBEN, AMALTHEA und METIS. Auf dem Mond I0 entdeckte man eine Sensation: Vulkanausbrüche. Dann setzt die Sonde eine Tochtersonde aus, die an einem Fallschirm in die Atmosphäre des Gasriesen eintaucht bis zum Verglühen, 75 Minuten lang. Daten über die chemische Zusammensetzung werden an das Mutterfahrzeug sendet. Durch diese Mission war man der Entstehung unseres Sonnensystems wieder ein Stück näher gekommen. Billig war das Unternehmen allerdings nicht: Es hat 1,5 Milliarden Dollar gekostet. Alles hat seinen Preis.

Die Daten und Bilder zu Oberflächenstruktur, Atmosphäre, Temperatur, Umlaufbahn und Geschwindigkeit der Planeten und Kleinplaneten, über Millionen von Kilometern zur Erde gefunkt, kommen nach etwa 40 Minuten bei uns an – es ist schon beeindruckend, was der menschliche Geist alles vermag.

In mühseliger Kleinarbeit wird langsam entschlüsselt, wie unser Sonnensystem aufgebaut und entstanden ist, ob erdähnliche Bedingungen im Weltraum herrschen und ob damit vielleicht auch irgendwo erdverwandte Wesen existieren. Es könnte auch möglich sein, dass wir auf den Planeten Bedingungen vorfinden, wie es sie vor vier Milliarden Jahren auf unserer Erde gab, als sich die ersten Vorformen des Lebens herausgebildet haben; auch das gäbe viel Aufschluss über die Entstehung des Lebens auf der Erde. Wir wollen wissen, wer wir sind und woher wir kommen.

Also schießen wir gleich noch eine interplanetarische Sonde in den Weltraum: die V o y a g e r 2.

Wir schreiben das Jahr 1977, da erfolgt der Start. Zwei Jahre später fliegt sie am Jupiter vorbei. Was funkt sie zur Erde? Drei neue

Monde entdeckt. Auf zehn Monden sind ein Dutzend Vulkane tätig. Der „große rote Fleck", dieses rätselhafte Etwas – das sind riesige Wirbelstürme.

1981 erreichte sie den S a t u r n, 1,4 Millionen km sind zurückgelegt. Wieder gehen Funksignale auf die Erde: Die Monde 12–17 entdeckt, viele einzelne Planetenringe identifiziert; der größte hat 280.000 km Durchmesser.

Fünf Jahre später fliegt sie am U r a n u s vorbei. Zwei neue Planetenringe werden entdeckt und 10 der insgesamt 15 Monde. Nun hat unsere Sonde bereits drei Milliarden km zurückgelegt.

Im Jahre 1989 – die Sonde ist bereits zwölf Jahre unterwegs und 4,4 Milliarden km sind bewältigt – erfolgt eine Annäherung an den N e p t u n; in 4.900 km Entfernung zieht sie an ihm vorbei. Seit seiner Entdeckung 1846 durch Gottfried Galle ist er noch wenig erforscht. Voyager 2 füllt viele Leerstellen: Der Neptun hat fünf Ringsysteme aus Eis- und Gesteinsbrocken, die Temperatur beträgt minus 210 Grad Celsius, in seiner Atmosphäre wirbeln Zyklone pausenlos Wasserstoff, Helium und Methan durcheinander, die sich als Regen und Schnee niederschlagen. In südlicher Breite tobt ständig ein Sturmtief mit einer Geschwindigkeit von 640 km je Stunde um den Planeten. Außer den Monden TRION und NERIDE umkreisen noch sechs weitere Trabanten mit einem Durchmesser zwischen 40 und 200 km den Planeten ...

In einer Entfernung von 38.455 km wird TRION passiert, ein Mond des Neptun, nur 2.720 km groß. Voyager funkt zur Erde: Die Oberfläche ist von Gletschern, Vulkanen und Felsen durchzogen. Die Oberflächentemperatur beträgt minus 273 (damit ist er der kälteste

Körper im Sonnensystem). Die Oberfläche besteht aus gefrorenem Stickstoff und Methan.
Als einziger Mond in unserem Sonnensystem kreist er gegen die Rotationsrichtung seines Planeten ...

Mehr als vier Stunden waren die Funkbilder auf der 4,4 Milliarden Kilometer langen Distanz unterwegs. Und wie wurde die technische Leistung möglich? Der Sender hat mit 22 Watt etwa die Leistung einer Kühlschrankbirne oder einer Armbanduhrbatterie! Seine Signale kommen bis auf Milliardstel geschwächt auf der Erde an, wo sie von Antennen mit 70 m Durchmesser aufgefangen werden. Alles scheint verblüffend einfach zu sein.

Voyager 2 war die bisher erfolgreichste interplanetarische Rakete. Sie lieferte 80.000 fantastische Fotos und sorgte für eine Vielzahl von sensationellen Entdeckungen im Bereich der vier großen Planeten und ihrer 56 Monde. Mit einer einzigen Sonde hat man mehr Entdeckungen gemacht als während mehrerer Jahrhunderte zusammen.

Und was hat das Ganze gekostet? 865 Millionen Dollar. Das ist so viel, wie ein B-2-Bomber verschlingt. Ein angenehmer Tausch, nicht wahr?

Nach der Passage des Neptun hatte Voyager 2 ihren Auftrag erfüllt. Mit einer Geschwindigkeit von fast 100.000 km/h verlässt sie unser Sonnensystem; ihre einsame Reise in die Unendlichkeit des Weltraums beginnt. Die Wissenschaftler hoffen, noch bis zum Jahre 2020 Daten von ihr zu empfangen. In 40 Jahren wird sie den WEISSEN ZWERG passieren, in 20.000 Jahren durchfliegt die Sonde die OOTSCHE WOLKE, einen gewaltigen Kometengürtel; in etwa 300.000 (!) Jahren wird sie den „Hundsstern" Sirius erreichen, 8,6 Lichtjahre (!) von uns entfernt, einen der erdnächsten Sterne. Welche Strecke hat die Sonde dann bewältigt? Mit unserer milliardenfachen Verkleinerung kann man es sich vorstellen. Unsere Sonne ist 1,4 m groß, unser schöner Erdball nur 13 mm. Der Sirius ist 80.840 km entfernt. Wir wünschen ihr „Gute Reise!"

Sie zieht übrigens nicht ohne ein Geschenk hinaus in die Welt. Eine goldüberzogene Kupferscheibe von 30 cm Durchmesser, die eine Lebensdauer von einer Milliarde (!) Jahren hat, enthält Botschaften von unserer Erde und ihren Bewohnern. Werden sie ankommen? Wird man sie entschlüsseln können? Werden wir eine Antwort bekommen?

Ja, wir sind unbescheiden geworden. Wir wollen uns nicht mehr mit den 2.000 Sternen begnügen, die mit bloßem Auge zu sehen sind. Wir wollen weit hineinstoßen ins Weltall, nichts soll uns verborgen bleiben, nichts soll uns entgehen. Wir sind die Erben Brunos und Galileis. Sie sollen nicht umsonst gelitten haben. Wir wollen den ganzen Reichtum des Himmels entschlüsseln, um der Erde und des Menschen willen. Denn alles soll dazu beitragen, die Mühseligkeit der menschlichen Existenz zu erleichtern.

Allerdings ist es vielleicht ratsam, mit den Fortschritten der Raumfahrt gewisse Regeln oder Normen für die Astronauten festzulegen. Die Grenzenlosigkeit des Weltalls könnte sie zu allem Möglichen verführen und zum Missbrauch verleiten.
Denn so ausgeschlossen ist es nicht, dass wir eines Tages von der Besatzung eines interplanetarischen Raumschiffes ein Funktelegramm mit der überraschenden Meldung erhalten: „Sind im Paradies angekommen. Bleiben." Was dann wird, beschließen die Götter.

Sympathie

Die Freundschaft wird besungen, der Liebe werden Altäre geweiht, nur die Sympathie geht leer aus, diese sympathische Dame, die nicht gerade Berge versetzt, aber manches zuwege bringen kann. Das Hotel ist ausgebucht – für die Sympathie ist natürlich ein Zimmer frei. Das Restaurant ist bis auf den letzten Platz gefüllt – auf sein Essen braucht man dennoch nicht lange zu warten.
Das Konzert ist ausgebucht – ein Platz in bester Lage ist noch da. Ein Reifenwechsel unterwegs ist wahrlich ein Gräuel – für die Sympathie kniet man sich an den Straßenrand und holt sich schmutzige Hosen.

Das ist es eben, was die Sympathie auszeichnet: Sie braucht keine Zeit, um sich zu besinnen, und muss sich nicht erst bewähren wie die Freundschaft – sie ist da oder bleibt aus. Man kann sie nicht erwerben, man kann sie weder verdienen noch erschleichen. Sie kann auch nicht nachträglich kommen. Sie ist eine ungewöhnliche Kraft, die sich des Menschen bemächtigt. Ein bisschen ist sie mit der „Liebe auf den ersten Blick" verwandt, kennt aber nicht deren Tränen. Hat man sie mal zu schnell und voreilig vergeben, zieht man die Fühlhörner wieder ein, und alles ist wieder gut. Wird die Freundschaft enttäuscht oder gar die Liebe, gibt's Kummer und Leid; zieht sich die Sympathie zurück, bleibt der Mensch im Gleichgewicht.

Die Sympathie bleibt eben immer sympathisch ...

An welche Voraussetzungen ist sie gebunden? Unter welchen Bedingungen stellt sie sich ein? Bloße Äußerlichkeiten sind es gewiss nicht, die sie auslösen. Sie ist nicht an Schönheit oder Bildung gebunden. Das Sommersprossengesicht ist keine Schranke und auch das körperliche Gebrechen nicht. Auch scheiden Stand und Alter weitgehend aus. Freundlichkeit ist immer im Spiele, vielleicht sogar ein bisschen Liebenswürdigkeit.

Konterbande sind sicher die Augen, sie geben viel Inneres frei. Das Gesicht ist die Brücke, die Zutrauen schafft; ein „blasses" Gesicht geht leer aus. Sicher spielen auch Sprache und Haltung hinein; eine angenehme Stimme schafft Nähe, die gute Stimme ist eine Gabe des Himmels und dringt ins Gemüt ein. Ein Rätsel bleibt es dennoch, wie sie entsteht, die liebenswerte Sympathie.

Wer fühlt sich berufen und ist in der Lage, die Sympathie zu entschlüsseln und Ordnung und System in das Ganze zu bringen? „Er ist mir sympathisch, er ist so freundlich und humorvoll." Andere sind's auch – und gewinnen dennoch nicht unsere Sympathie. Eines allerdings ist gewiss: Sympathie hat mit dem Charakter und dem Wesen des Menschen zu tun. Kann man für einen Hochmütigen Sympathie empfinden, für einen Prahlhans, einen Schurken? Das Gleichnis vom Kamel und Nadelöhr, das gilt auch für die Sympathie.

Grübeln wir nicht länger über die Ursachen nach, wir finden keine schlüssige Erklärung. Freuen wir uns, wenn sie zu uns kommt. Sie beglückt uns, sie macht das Leben reicher. Und sie ist steigerungsfähig: aus Sympathie kann Freundschaft werden, unter Umständen sogar Liebe ...

Marie Antoinette

Das Kalenderblatt zeigt ihren 250. Geburtstag an. Mein Gott, wer kennt sie heute noch, wer gedenkt ihrer? Königin von Frankreich war sie, die Tochter Maria Theresias, was geht sie uns heute noch an?

Was für einen glanzvollen Einzug hielt sie als Braut in Paris, damals 1770! Aus 48 Karossen und 340 Pferden bestand der Brautzug, und sie selbst, das hübsche Mädchen mit den blauen Augen, erst 15 Jahre alt, saß in einem golden-gläsernem Wunderwerk, das der Schwiegervater Ludwig XV. beim Hoffournisseur Francien extra hatte anfertigen lassen, in nie da gewesener Pracht.

Die Zwietracht zwischen Wien und Paris sollte für immer beendet sein. Alle Glocken von Paris fingen an zu läuten und halb Paris war auf den Beinen. Im Mai fand die Hochzeit statt, und mit 18 Jahren war die Habsburgertochter schon Königin von Frankreich, eine Rokokokönigin der Zeit: leichtlebig und unbeschwert verbrachte sie die Tage. Mode und Schmuck, Maskeraden und Bälle, Theater und Pferderennen, Glücksspiele und Reiten, das war ihre Welt. 170 Kleider ließ sie sich schneidern im Jahr, sie musste repräsentieren, als Grande Dame von Paris den Ton angeben in Mode und Geschmack. Zwanzig Jahre währte das Glück, dann machte die Revolution von 1789 dem fröhlichen Treiben ein Ende, die Monarchie wurde gestürzt, König Ludwig XVI. angeklagt und 1792 hingerichtet, eine historische Epoche war zu Ende. Marie-Antoinette, die Witwe des Louis Capet, wie man sie nun bespöttelte, die Ausländerin, wiederum Erzherzogin von Österreich, hätte man nun abschieben können, über die Grenze mit ihren beiden Kindern, das wäre Demütigung und Strafe genug gewesen.

Sie hatte keine Verbrechen begangen, hatte keinen Einfluss auf die Politik und Geschicke des Landes genommen, sie anzuklagen, dazu bestand keinerlei Grund.

Ein Unschuldsengel war sie gewiss nicht, aber sie hatte keine Liebhaber wie ihre Hofdamen alle, hatte niemanden geschmäht oder verunglimpft und niemandem Schaden zugefügt oder Leid. Freilich, vergnügungssüchtig war sie gewesen, im Geldausgeben leichtfertig, geradezu verschwenderisch, doch wo ist die Königin, die sparsam ist und es genau nimmt mit den Finanzen? Fett schwimmt immer oben. Nachsichtig also hätte man sein können mit ihr, eine neue Epoche mit Freiheit und Brüderlichkeit hatte begonnen, und Rachsucht ist immer ein Zeichen von Schwäche und auch von Bösartigkeit. „Wer ohne Sünde ist, werfe den ersten Stein."

Für die Sansculotten aber war sie die Königin, Repräsentantin des Feudalsystems, das war Verbrechen genug. Man trennte sie von den Kindern – der kleine Ludwig war 12, die Tochter Marie Thérèse 15 Jahre alt – und warf sie in die Conciergerie, das Gefängnis für Schwerverbrecher, aus dem es kein Entrinnen mehr gab.
Alles wurde ihr abgenommen – Ringe, Armbänder, Briefe, Geschenke – alles, was an Kinder, Eltern und Freunde erinnerte. Die Zelle war eng, feucht und muffig, dunkel und kalt, menschenunwürdig wie die Behandlung, die sie erfuhr. Man wollte ihren Stolz brechen und ihren Willen, das war das Ziel. Die letzten 77 Tage ihres Lebens waren angebrochen. Als sie zum Schauprozess geführt wurde – der erste dauerte 15 Stunden ohne Unterbrechung, der zweite 18 Stunden bis vier Uhr morgens –, sah man eine kranke, abgemagerte Frau mit grauem Haar, das von weißen Strähnen durchzogen wurde.

Die Vorwürfe des Konvents? Sie sei für das ungeheuerliche Staatsdefizit – mehr als zwei Milliarden Livre – und die Hungersnot verantwortlich; sie habe die Konterrevolution organsiert und den Bürgerkrieg ausgelöst; sie habe Verbindung zum Feind, ihren Verwandten in Wien, unterhalten und den Feldzugsplan verraten; sie habe – die ungeheuerlichste Anschuldigung – gemeinsam mit ihrer Schwägerin den eigenen Sohn zu sittenwidrigen Handlungen und zur Unzucht verleitet. Nur die Anklage hinsichtlich des Feldzugsplanes stimmte, aber Beweise hatte man damals nicht, man war auf bloße Vermutungen angewiesen, für die Ankläger waren sie aber bare Münze. Das Urteil stand schon vor dem Prozess fest: Sie sollte sterben und sie musste sterben. Am 16. Oktober 1793 wurde sie hingerichtet, durch die Guillotine, größer hätte die Demütigung nicht sein können.

Wie kann man eine Frau von 37 Jahren töten, die Mutter von zwei Kindern ist? Wie kann man eine Königin so demütigen und sie durch das Fallbeil sterben lassen? Wie kann man so blindwütig und barbarisch sein, wenn man eine neue Ordnung der „Freiheit, Gleichheit und Brüderlichkeit" errichten will? Eure Revolution, meine Herren Sansculotten, hat Europa verändert, und ist in die Geschichtsbücher eingegangen, aber eure Schande auch. Von ihr könnt ihr euch nie befreien, sie wird ewig an euch hängen bleiben!
Wo man hobelt, fallen Späne? Die wütenden Volksmassen lassen sich nicht gängeln, zügeln und bevormunden? Bei „welthistorischen Ereignissen" sind Opfer und Unrecht unvermeidlich, da ist das Ergebnis alles und das Einzelschicksal zählt nichts? Nein, meine Herren Sansculotten – oder gab es auch Damen Sansculotten, die den Tod der Königin forderten? – historische Vorgänge, mögen sie noch so hoch im Kurs stehen, können nicht losgelöst vom Einzelschicksal bewertet werden. Was sind sie wert, wenn die Grundsätze der Menschlichkeit verletzt werden? Auch an Einzelschicksalen wird das Wesen einer Gesellschaft sichtbar.

„Das Wesen *erscheint,* also ist die *Erscheinung* wesentlich." Hegels Erkenntnis gilt auch für eure Revolution. Die Demütigungen, denen Marie-Antoinette ausgesetzt war, die menschenverachtenden Bedingungen ihrer Behandlung, ihre Tränen und ihre Trauer werden immer ein Kainsmal eurer Revolution bleiben.

Der Handwerker kann die Späne unter die Hobelbank kehren, aus den Geschichtsbüchern lassen sie sich nicht tilgen und nur Fanatiker oder Fälscher können daraus Bagatellen machen.

„Solange wir die Revolutionen in Büchern lesen, sieht alles sehr schön aus", schreibt Heinrich Heine, „und es ist damit wie mit jenen Landschaften, die kunstreich gestochen auf dem weißen Velinpapier, so rein, so freundlich aussehen, aber nachher, wenn man sie in natura betrachtet, vielleicht an Grandiosität gewinnen, doch einen sehr schmutzigen und schäbigen Anblick in Einzelheiten gewähren."

Aufgepasst, meine Herren Geschichtsschreiber! In euren Geschichtsbüchern darf das Detail kein Stiefkind mehr sein. Zu jedem historischen Ereignis und bei jedem politischen System wollen wir wenigstens e i n e n Abschnitt finden, aus dem hervorgeht, wie man mit den Gegnern und Feinden umgegangen ist. Das öffnet den Blick dafür, wie es um die M e n s c h l i c h k e i t in jener Zeit bestellt war und welchen Zuschnitt Menschen und Zeit hatten.

Marie-Antoinette gab dafür ein Beispiel. „Ich bitte Gott von Herzen um Vergebung für alle Sünden, die ich begangen habe, seit ich lebe. Ich hoffe, daß er in seiner Güte meine letzten Gebete erhören wird, so wie alle jene, die ich seit langem an ihn richte, damit meine Seele seines Erbarmens und seiner Güte teilhaftig werde.

Ich bitte alle, die ich kenne, und besonders Dich, liebe Schwester, um Verzeihung für jedes Leid, daß ich ihnen unwissentlich etwa zugefügt habe", heißt es in ihrem Abschiedsbrief an die Schwägerin und die Kinder. „Ich verzeihe all meinen Feinden alles Böse, das ich durch sie erlitten habe." Und an den Sohn ergeht die Bitte: „Möge mein Sohn niemals die letzten Worte seines Vaters vergessen, die ich mit Vorbedacht wiederhole: Möge er niemals danach trachten, unseren Tod zu rächen."

Vergessen wir nicht, wenn wir nach Paris kommen, Blumen in der Basilika Saint-Denis niederzulegen für sie und die vielen unschuldigen Opfer von Gewalt, Krieg und Verbrechen, auch die von morgen, denn sie werden nicht ausbleiben in unserer schrecklichen Übergangszeit zu Frieden und Brüderlichkeit ...

80. Geburtstag

80 Jahre wird sie heute alt, die Nachbarin. Auch mich hat sie eingeladen; ich gehe ihr zur Hand, wenn sie Hilfe braucht; ersetze sozusagen ein bisschen die Kinder, die nicht in der Nähe wohnen.

Aber heute sind sie alle gekommen: die Dagmar, Designerin in Berlin; der Dankwart, der nächstens 50 wird, ein tüchtiger Mann. „Der muss erst noch geboren werden, der mich über den Tisch zieht." Und Stephan, der Nachzügler, groß und stark, er platzt aus allen Nähten.

Ihre Kinder haben es zu etwas gebracht, kleine Geschäftsleute sind sie alle geworden. Sie sind in der Marktwirtschaft nicht gerade auf Rosen gebettet, zu verschenken haben sie nichts, auch keine Zeit. Aber heute, da sind sie alle gekommen, mitten in der Woche haben sie sich freigemacht; das will schon was heißen.

An nichts hat es die Mutter fehlen lassen an diesem großen Tag. Die Mittagstafel bietet alles, was das Herz begehrt und den Gaumen erfreut.

Alte Freunde sind eingeladen, auch Arbeitskollegen aus früherer Zeit haben sich eingefunden, auch die beiden Schwestern sind da mit ihrem Anhang. Männer im besten Alter; Pferde könnte man stehlen mit ihnen.

Jetzt ist es Zeit für ein paar Worte, wie das üblich ist an solch einem Tage, zumindest ist ein Trinkspruch fällig, das ist das Mindeste, was die alte Mutter erwarten kann. Schüchtern blickt sie in die stattliche Runde. Wer wird sprechen von meinen Kindern?

Der Dankwart vielleicht, der nicht auf den Mund gefallen ist? Er ist doch ein so tüchtiger Mann! Niemand kann ihm das Wasser reichen. Oder vielleicht doch der Kleine, der sein Licht nicht unter den Scheffel stellen muss, gleich gar nicht beim Reden? Auch die Dagmar käme infrage, sie spricht ein so gutes Hochdeutsch, dass schon Zuhören eine Freude ist. Ob sie sich abgesprochen haben, was gesagt werden muss an diesem großen Tag und wer das Wort nehmen soll?

Ich habe es kommen sehen, kein Kind ergreift das Wort, um sie zu preisen, die gute Mutter, die immer für sie da war und für ihre Kinder manches Opfer gebracht hat. „Mir liegt es nicht, vor vielen Menschen zu sprechen." Aber es ist doch die Mutter. Da spricht doch das Herz, nicht der Mund, und die Gedanken und Worte kommen von selbst. Wer eine Ausrede sucht, findet zehn.

Warum gibt es nur selbst an solch einem Tag Gleichgültigkeit, Lieblosigkeit? Das hat nichts zu tun mit „der neuen Zeit", die Hektik bringt oder Sorgen im Überlebenskampf. Man braucht nur ein bisschen Mut und Verantwortungsgefühl und Liebe sowieso. Wenn es sich um eine Rede aus dem Stegreif handelte, da könnte man noch Verständnis haben, aber Monate hatten die Kinder Zeit, sich auf den Tag vorzubereiten. Die alte Mutter hat doch auch nicht die Hände in den Schoß gelegt.

„Gestatten Sie mir, sehr verehrte Frau Nachbarin, dass ich an Ihrem großen Tag das Wort nehme, wie es üblich ist in unseren Breiten, zumindest seit dem Jahre 1788, als der Freiherr von Knigge ein Buch herausgab, das jeder dem Titel nach kennt: „Über den Umgang mit Menschen", ein nützliches Buch, hilfreich und brauchbar auch in unserer Zeit – oder sollte man vielleicht besser sagen: besonders in unserer Zeit? In seinem Buch empfiehlt er, dass bei solch feierlichen Anlässen wie dem unsrigen ein geladener Gast ein paar passende Worte sagen sollte, damit über Schmaus und Geselligkeit der eigentliche Anlass des Festes nicht verloren gehe ..."

Ein Leuchten ging über die Augen der alten Frau, für mich der schönste Lohn. Ob sich die Kinder ein bisschen geschämt haben, dass sie versagt und mir das Feld überlassen haben? Werden sie es das nächste Mal besser machen? Ob noch einmal solch eine Gelegenheit kommt, das ist ungewiss. Sie werden gern vernommen haben, dass ich von „geladenen Gästen" gesprochen habe, denen die Aufgabe zukomme. „Geladene Gäste sind wir nicht, wir sind ihre Kinder." Jeder Fehler hat seine Ausrede.

Am Nachmittag folgte die Strafe: I c h war es, nicht die Tochter mit der schönen Aussprache, der die Festtagstorte anschneiden durfte, auch nicht der Sohn, den niemand über den Tisch ziehen kann – ist es mir zu verdenken, dass ich den drei Kindern kümmerliche Stücke auf den Teller gelegt habe? Jeder bekommt, was er verdient!

Freundlichkeit

Heute bin ich über mich selbst erschrocken, beim Einkaufen, wo man doch eigentlich nur über die Preise erschrecken kann; an mich selbst habe ich nie gedacht.

Das kam so: Ich wollte mir einen neuen Hut kaufen, etwas Besonderes, die Verkäuferin zeigte mir eine Menge, machte Vorschläge, gab ihr Gutachten ab, war geduldig mit mir wie ein Lamm, aber keiner sagte mir zu. Das Angebot war nicht schlecht, die Beratung gut, aber es gab keinen, der mir auf Anhieb gefiel.

Ich wurde missmutig, vielleicht sogar etwas ungehalten – und hatte es offenbar die Verkäuferin spüren lassen, die sich so viel Mühe gegeben hatte.

Da sagte sie leise, als müsse sie sich entschuldigen: „Sie könnten ruhig etwas freundlicher sein."

Ich war geschockt, es verschlug mir die Sprache. V e r k ä u f e r haben freundlich und höflich zu sein, das ist ungeschriebenes Gesetz, es geht um Umsatz, Gewinn und Arbeitsplatz. Seit wann gilt das auch für den K u n d e n? Wo steht das geschrieben? I c h habe das Recht auf Freundlichkeit, der Händler kann froh sein, dass ich zu ihm komme und nicht zur Konkurrenz gehe.

Der Schock traf mein Gewissen. Was eigentlich gab mir das Recht, unfreundlich zu sein? Darf nicht jedermann, auch wenn er nicht „ein Mensch an meiner Seite" ist, auf ein bisschen Freundlichkeit oder gar Liebenswürdigkeit hoffen? Verliere ich etwas, wenn ich ihm freundlich entgegenkomme? Wird der kalten Welt nicht etwas von ihrer Kälte genommen, wenn man höflich miteinander umgeht?

„Freundlich" ist von „Freund" abgeleitet, das Gegenteil ist der Feind. Sind meine Mitmenschen etwa meine Feinde?

Ich glaube, der neue Hut, den ich gekauft habe, hat mich ein bisschen verändert, nicht nur im Aussehen, er hat mir auch zu einer Einsicht verholfen, an die ich vorher gar nicht gedacht habe: Ein Verkäufer kann mehr als nur Waren anbieten und verkaufen: Er kann ein bisschen die Welt verändern helfen, wenn er im richtigen Moment die richtigen Worte wählt. Was ein einziger Satz vermag! Er kann wertvoller sein als ein ganzes Buch.

Wir alle sind in einer Geschichte

Irmgard, was meine zukünftige Schwägerin werden sollte, was sie aber noch nicht wusste, war schuld. Mitten im Kriege, dem schrecklichsten aller Kriege, schrieb sie „An einen unbekannten Soldaten", und der Unbekannte, das war mein Bruder Erwin, damals eingesperrt im Maschinenraum eines Unterseebootes. Wie ein Sonnenstrahl fiel der Brief mit dem Bild der Unbekannten aus dem schönen Spreewald in seine ölverpestete Unterwelt. Postwendend kam die Antwort, neugierig darauf, wie sich die Geschichte mit dem Spreewaldkind entwickeln würde.

Nach Licht und Zukunft sah es zunächst nicht aus, der Russe war schuld. Er hatte zwar nichts dagegen, dass unbekannte Soldaten von unbekannten Mädchen Post bekommen, aber deutsche U-Boote in der Ostsee wollte er nicht leiden: eine Bombe machte der „Feindfahrt" ein Ende, das Boot versank und mit ihm fast die ganze Mannschaft. Mein Bruder hatte Glück, konnte sich retten im eiskalten Wasser und überlebte.

Dieses Glück brachte ihm allerdings eine neue „Feindfahrt" ein, weit hinaus in den Atlantik, nach Lage der Dinge in den sicheren Tod: der „Feind" hatte den Code der deutschen Seekriegsführung geknackt und machte die deutschen U-Boote zu schwimmenden Särgen.

Doch wieder hatte er Glück, nur zwei Jahre Geduld in englischer Gefangenschaft musste er aufbringen, dann endlich standen sie sich nach Jahren des Briefwechsels gegenüber. Es war Liebe auf der ersten Blick, die Hochzeit dauerte drei Tage und Nächte, ein Glück begann, wie es im Bilderbuch nicht hätte besser gemalt werden können.

Ein Brief kam Geschichte machen, aber eigentlich kommt dem Berufsschullehrer das Verdienst zu. Seine Aufforderung an die Mädchen, unbekannten Helden eine Freude zu machen, hatte Früchte getragen. Männer machen eben Geschichte, auch wenn sie bloß Lehrer sind.

Ein Brief begründet ein Glück. Du kannst es ja auch mal herausfordern und Bild und Personalien ins Internet setzen, vielleicht geschieht auch mit dir das große Wunder. Aber pass gut auf, mein Freund, damit es dir nicht wie der Nachbarin geht: Sie wähnte sich im großen Glück, doch als sie aufwachte, war das Konto abgeräumt und ihr Glück über alle Berge. Nicht immer geht die Geschichte gut aus, die man sich selbst einbrockt. Manch einer bringt sich in eine üble Geschichte, aus der er nicht mehr heil herauskommt. „Ob ein Minus oder Plus uns verblieben, zeigt der Schluss", heißt es lapidar bei Wilhelm Busch.

Alles hat Sinn und Bedeutung, die Geschichte von Joseph und seinen Brüdern bringt es an den Tag. Die Brüder werfen Joseph, den Begnadeten, den Einzigen, Jakobs Samen und Lamm in den Brunnen. Soll er doch dort verdursten und elendiglich umkommen – was kümmert's sie, für seinen Hochmut muss er bestraft werden. Als er von fremder Hand gerettet wird, schlagen sie noch Kapital aus ihm und verkaufen ihn wie eine Ware, wie ein Stück Vieh. Er hat es verdient, die Demütigung über Jahre war zu groß, sie musste gerächt werden, auch wenn dem Vater unsägliches Leid zugefügt werden muss: Sie wälzen das kostbare Kleid des Begnadeten im Blut eines Widders, damit es dem Vater glaubhaft wird, dass sein E i n u n d A l l e s von bösen Tieren zerfleischt worden ist. Eine Missetat folgt der anderen. „Das ist der Fluch der bösen Tat, dass sie fortzeugend Böses muss gebären", steht bei Schiller. Kann die Untat jemals gesühnt werden? Nein, sie ist zu groß, zu grauenvoll, nicht einmal Vergebung kann sie finden.

In Ägypten, nachdem sich die Geschichte aufgelöst und zum Guten gewendet hat, fallen die Brüder voller Reue vor ihm nieder und erwarten ihre Strafe, doch Joseph will weder von Strafe noch von Vergebung etwas wissen, er kennt die Zusammenhänge, er kennt den Sinn der Geschichte. „Das musste so sein, Gott hat's getan, nicht ihr ... Geht ihr mich um Vergebung an, so scheint's, dass ihr die ganze Geschichte nicht recht verstanden habt, in der wir sind. Ich schelte euch nicht darum. Man kann sehr wohl in einer Geschichte sein, ohne sie zu verstehen." Die Brüder, der Vater – sie alle waren im Spiel, dem Spiele Gottes. „Unter seinem Schutz musst' ich euch zum Bösen reizen in schreiender Unreife, und Gott hat's freilich zum Guten gefügt." Joseph dreht den Spieß um: „Wenn es um Verzeihung geht unter uns Menschen, so bin ich's, der euch darum bitten muss, denn ihr musstet die Bösen spielen, damit alles so käme." „So sprach er zu ihnen, und sie lachten und weinten zusammen, und alle reckten die Hände nach ihm und rührten ihn an, und er streichelte sie auch. Und so endigt die schöne Geschichte und Gottesfindung von Joseph und seinen Brüdern."

Jeder ist in einer Geschichte, viele wissen es nur nicht. Trifft das auch auf dich zu, mein Freund? Du lebst in den Tag hinein und weißt gar nicht, dass du in einer Geschichte bist? Du hast es im Lotto versucht und hast noch nie gewonnen? Es ist eben nicht deine Geschichte, die dir zugedacht ist, du kannst das Spiel aufgeben und musst deine echte entdecken, die nicht auf Zufällen beruht. Und du musst natürlich auch etwas dafür tun. Es ist wie mit den Vögeln. Alle werden satt, aber das Futter kommt nicht in ihr Nest.

Und manche Umwege musst du gehen, damit es eine Geschichte wird. Ist es dir nicht schon öfter passiert: Du hast dir etwas vorgenommen, ein schönes, verlockendes Ziel abgesteckt – und dann missglückt alles?

Im Augenblick hast du es als Niederlage empfunden, stellst aber später fest, dass du im Begriff warst, eine Geschichte anzusteuern, die gar nicht für dich vorgesehen war. Welch ein Glück, dass du kein „Glück" hattest und dadurch in deine wirkliche Geschichte gekommen bist. Was verworren begonnen hat, findet ein gutes Ende.

„Ich bin nicht Jeanne d'Arc", erwidert die junge Frau, „ich führe ein einfaches bescheidenes Leben, das kaum Höhepunkte kennt. Wie also sollte ich in einer Geschichte sein!" Sie irrt sich, unsere verhinderte Jungfrau von Orleans, jedes Leben ist so reich und schön und gewaltig, es geht nicht ohne Geschichte ab. Schon die Kindheit ist ein kleines Abenteuer, in der Jugend schürzen sich die Ereignisse, die Ehe wartet mit Höhen und Tiefen auf dich, die Kinder mischen kräftig in deiner Geschichte mit, und im Beruf gibt es manche Bewährung, Dutzende Menschen sind deine Weggefährten, Hunderte kreuzen deinen Weg, geben deinem Leben Sinn und Bedeutung und prägen dein Schicksal. Lass die Jahre an dir vorüberziehen, sichte die Ergebnisse – und deine Geschichte ergibt sich von selbst.

Aber nicht jeder kann in eine Josephsgeschichte kommen. Thomas Mann begreift sie auch nur als „eine Geschichte, die derjenige gemacht hat, der alle Geschichte macht". Es ist schon dafür gesorgt, dass die Bäume nicht in den Himmel wachsen.

Bist du mit deiner Geschichte zufrieden, wie sie sich anbahnt? Nein? Da hilft nur eins: aussteigen. Besser auf dem rechten Wege hinken, als auf dem falschen reiten.

Für einen besseren Weg ist es nie zu spät. „Wenn du nicht bereit bist, dein Leben zu ändern, kann dir nicht geholfen werden." *(Hippokrates)*

„Wir sind das Volk!"

Diesen Ruf werde ich mein Lebtag nicht mehr vergessen. Zehntausendfach erscholl er im Oktober 1989 weithin durch die Leipziger Innenstadt, voll Selbstbewusstsein und auch voll Trotz und Zorn, denn er war gegen die Staatsmacht gerichtet; Bereitschaftspolizei und „Kampfgruppen der Arbeiterklasse", mit Maschinenpistolen bewaffnet, standen zum Losschlagen bereit; blutig hätte alles enden können.

Zaghaft mit den „Montagsgebeten" in der Nikolaikirche hatte alles begonnen. Die Kirche mit Pfarrer Führer bot Schutz vor den Zugriffen von Polizei und Staatssicherheit. Immer mehr Zulauf bekamen die Montagsgebete, bald scharten sich Tausende auf dem Nikolaikirchhof. Sprechchöre hallten über den Platz: „Wir sind das Volk!". Und: „Wir wollen raus!", vornehmlich von jungen Menschen gerufen. „Wir bleiben hier!", riefen diejenigen, die das Land verändern wollten. Schließlich zogen am 9. Oktober 70.000 Menschen über den innerstädtischen „Ring", auch an der Stasi-Zentrale vorbei. Das Volk besann sich seiner Kraft und zeigte der „Obrigkeit" die Zähne.

Das Volk? Vorsicht ist angesagt. 70.000, das ist nicht die ganze Stadt. Es war der beste Teil des Volkes, der aufbegehrte und demokratische Grundrechte und Freiheiten einforderte.

„Wir sind das Volk!" – das war eine Kampfansage gegen die herrschende Kaste und auch Abgrenzung gegen alle diejenigen, die sie unterstützten: die Fahnenschwenker, die Kopfnicker und Jasager und alle, die zu Hause geblieben waren, aus Furcht oder Desinteresse. Wer nicht mit uns demonstrierte und sich den Gefahren aussetzte, hatte sich selbst ausgeschlossen. Sie gehörten noch zum „Staatsvolk der DDR".

Spitzbart Ulbricht hatte diesen Begriff aus der Taufe gehoben: das Volk steht treu zu seinem Staat, und der Staat wiederum repräsentiert das Volk. Der „Volksstaat" und das „Staatsvolk" sind eine Einheit. So einfach war es, die Widersprüche im Lande und die Hirne zu verkleistern.

Und wo war „die Partei", der „Vortrupp der Massen", die „führende Kraft"? Sie war ratlos und war stumm in diesen Tagen, sie war von den Volksmassen kaltgestellt worden. Kein Sekretär ließ sich blicken; niemand der „Führung" gab eine Stellungnahme ab. Nur die „Leipziger Volkszeitung" hetzte und jaulte, ihr Chefredakteur Röhr verfasste die Leitartikel und prangerte uns Demonstranten als „arbeitsscheues asoziales Gesindel" an. Aufs Schärfste müsse man gegen dieses „Geschmeiß" vorgehen, auch mit Waffengewalt, um den Aufbau des Sozialismus zu vollenden. Sie, die Bonzen und Betonköpfe, konnten es besser nicht zeigen, dass sie nicht zum Volke gehörten.

Auch die meisten Mitglieder der SED waren weiterhin brav und saßen – wie montags üblich – in den Parteiversammlungen oder im Parteilehrjahr, warteten auf Weisungen ihrer Parteibonzen und blieben verstört und stumm. Weit hatten sie sich vom Volke entfernt, von seinem Denken und Fühlen; sie waren Handlager und willige Werkzeuge der „Partei".

Seltsam war das schon, verkündeten „die da oben" doch unentwegt, wie sehr sie „mit den Massen verbunden" seien, und es gab ja auch Zeiten, wo die Mächtigen zum Volk gehören wollten, wenn ihnen das Volk ihre Macht streitig machen wollte und sie ihnen zu entgleiten drohte. Bismarck rief im Deutschen Reichstag aus: „Wir sind alle Volk und die Regierung mit!" Das war 1873, als ihm die deutsche Sozialdemokratie zusetzte und auch sein Sessel ins Wanken geriet. Plötzlich wollte er, der das Junkertum und die herrschenden Klassen wie kein anderer vertrat, zum Volke gehören, aber das Volk ließ sich nicht täuschen und auch nicht einschüchtern durch das „Sozialistengesetz", es führte zu seinem Sturz. Nein, 1989 machten die Betonköpfe und Bonzen keinen Versuch, dazuzugehören. Als der Herr Milke, Minister für Staatssicherheit, in der Volkskammer ausrief: „Ich liebe euch doch alle!" – da erntete er nur Gelächter und Spott.

Der 9. Oktober in Leipzig leitete die Revolution ein, die erste friedliche Revolution in der Geschichte unseres Volkes. Das war eine geschichtliche Tat. Das Wort „stolz" habe ich nie gemocht. Worauf könnte man stolz sein? Dass man in der Schule der Beste in Mathematik war? Dass man ein kleiner Fußballkünstler war? Das sind angeborene Eigenschaften, keine Verdienste. Wie kann man darauf „stolz" sein? Aber dass wir in Leipzig die erste friedliche Revolution unserer Geschichte eingeleitet haben und dass auch ich dabei war, das erfüllt mich mit Freude und Stolz. Die Volksmassen machen Geschichte. „Alle Räder stehen still, wenn dein starker Arm es will!" Ist es wirklich so einfach?
Wo waren die Volksmassen, als am 1. September 1939 eines der schlimmsten Kapitel der Geschichte eröffnet wurde? Haben etwa die Volksmassen den Krieg gewollt? Massen sind leicht verführ- und manipulierbar, wir haben es erlebt. 1914, 1933, 1939. Die Volksmassen in Uniform, die haben schreckliche Geschichte geschrieben, das ist wahr – aber sie haben den Krieg nicht gewollt und ihn, je länger er dauerte, verwünscht und verflucht. „Vox populi vox Dei" – das mag zur Zeit Homers Gültigkeit besessen haben, heute nicht mehr.

Ja, w i r waren es, die Demonstranten im Osten, die der Geschichte eine Wende gegeben und dadurch den Fall der Mauer und die Wiedervereinigung möglich gemacht haben, nicht die Politiker, gleich gar nicht die des Westens. Sie haben den Herrn Honecker noch mit Krediten gefüttert, als ihm das Wasser bis zum Halse stand, und seinen Untergang hinausgezögert. Das ist die Wahrheit. Doch jetzt wird alles auf den Kopf gestellt: Kohl wird als „Kanzler der Einheit" gefeiert, er habe das Wunder vollbracht. Bei einer Kontroverse mit Wolfgang Thierse, dem Bundestagspräsidenten aus dem Osten – als „Ost-Zottelbart" und „rote Sau" beschimpft – erklärte CSU-Chef Erwin Huber: „Er sollte den Mund halten, er hätte die Meinungsfreiheit nicht, wenn es nicht einen Helmut Kohl gegeben hätte", und sein Parteigänger Thomas Strobl setzte hinzu: „Dabei würde dieser Herr Thierse heute immer noch im Dunkel – nämlich hinter Mauern und Stacheldraht – sitzen, wenn nicht Helmut Kohl und die CDU die historische Chance ergriffen hätten."

So leicht und schnell und frech wird heute wieder Geschichte verfälscht. Dabei liegt das Ereignis, das Weltgeschichte geschrieben hat, erst zwei Jahrzehnte zurück, man kann die Ungeheuerlichkeit kaum glauben. Nein, meine Herren, ihr irrt euch. Wir haben der Geschichte eine Wende gegeben, und niemand kann uns das Verdienst nehmen.

Prinzessinnen

„Sie betrat den Raum, eine ungewöhnliche Naturerscheinung, und alle Anwesenden, sowohl Männer als Frauen, spürten den Herzschlag im Halse." Ist Ihnen das schon mal passiert? Nein? Dann muss ich Sie bedauern. Es sind Augenblicke im Leben, die man nie vergessen wird. Wenn sie passieren, zählt alles andere nicht mehr, alles ist ausgelöscht.

„Weg ist alles, was du liebtest,
Weg, warum du dich betrübtest,
Weg dein Fleiß und deine Ruh –
Ach, wie kamst du nur dazu?"

dichtet der junge Goethe, als L i l i S c h ö n e m a n n in sein Leben trat, die ihn bezauberte durch ihre Schönheit, ihre Anmut und ihre Würde. Eine Jugendromanze begann. „... heiter im Entstehen, idyllisch im Fortschreiten, tragisch am Ende." Es ist das alte Lied. Viel später, 1780, an seinem 31. Geburtstag, geraten seine Sinne in Aufruhr, als die M a r q u i s e M a r i a A n t o n i a v o n B r a n c o n i drei Tage in Weimar weilt, eine der schönsten Frauen Europas, „... das größte Wunder von Schönheit, das in der Natur existiert", meint der Arzt Zimmermann. Wir haben wenig Grund, daran zu zweifeln, denn unser Goethe schreibt ihr nach dem Besuch: „Erst jetzt spür ich, dass Sie da waren, wie man erst den Wein spürt, wenn er eine Weile hinunter ist. In Ihrer Gegenwart wünscht man sich reicher an Augen, Ohren und Geist, um nur zu sehen und glaubwürdig und begreiflich finden zu können, dass es dem Himmel, nach so viel verunglückten Versuchen, auch einmal gefallen und geglückt hat, etwas Ihresgleichen zu machen."

Goethe macht ihr dieses elegant formulierte und geistreiche Geständnis, das fast die Grenze des Erlaubten überschreitet – obwohl er schon seit fünf Jahren seine Charlotte verehrt, liebt, vergöttert.

Doch an die Marquise reicht sie offenbar nicht ganz heran, zumindest was die Schönheit betrifft.

„Ich habe mich gegen sie so betragen, als ich's gegen eine Fürstin oder eine Heilige tun würde. Und wenn es auch nur ein Wahn wäre, ich möchte mir solch ein Bild nicht durch die Gemeinschaft einer flüchtigen Begierde besudeln." Und dann folgt ein Geständnis, das die Gefahren einer solchen Begegnung andeutet: „Und Gott bewahre uns für einen ernstlichen Band, an dem sie mir die Seele aus den Gliedern winden würde." Schönheit kann den Seelenfrieden gefährden.

Im Jahre 1812, 63-jährig, hat unser Goethe in Karlsbad erneut eine Begegnung, die tiefe Spuren hinterlässt: Die Kaiserin M a r i a   L u d o v i c a betritt die Schaubühne. Eine innige Beziehung entsteht, er schreibt ihr Gedichte, sie macht ihm das Herz jubeln. „Eine solche Erscheinung gegen das Ende seiner Tage zu erleben, gibt die angenehme Empfindung, als wenn man bei Sonnenaufgang stürbe und sich noch recht mit inneren und äußeren Sinnen überzeugte, dass die Natur ewig produktiv, bis ins Innerste göttlich, lebendig, ihren Typen getreu und keinem Alter unterworfen ist."

Herrlich, dass es Menschen gibt, die eine solche Ausstrahlungskraft haben. Glücklich derjenige, dem es vergönnt ist, solche Menschen zu erleben. Wir Geringen müssen nur allzu sehr im Bedeutungslosen verweilen und können große Persönlichkeiten immer nur aus der Ferne sehen.

Wie, meine Dame, Sie fühlen sich klein und zurückgesetzt, glauben, dass nur in der Goethezeit solche Wunderwerke unter uns waren? Und mit betörender Schönheit, die alles besiegt, sind Sie von der Natur auch nicht bedacht worden?

Ich muss Ihnen widersprechen. Die Frau Baronin Charlotte von Stein, war die etwa schön? Keineswegs. „Schön kann sie nie gewesen sein", urteilt Schiller, als er die Vierzigjährige kennenlernt. Sieben Kinder hatte sie schon geboren und sieben Jahre älter war sie als Goethe, aber für ihn war sie „ein Engel", „eine tausendmal Geliebte", ohne die sein Leben „nur eine Träumerey" sei.

Sieh mal einer an, was schlichte Eleganz und ein sanftes Wesen bewirken! Selbst ihre kühle Noblesse zog ihn unwiderstehlich an. Oder war sie mehr ein Stachel, der manche Schmerzen brachte? Hoch gebildet war sie, sprach ein elegantes Französisch, spielte Klavier und hat auch gemalt, wenn auch mit geringem Talent. Sie war, würde man heute sagen, ein Superweib.

Sie fühlen sich erneut unterlegen, können sich nicht messen mit ihr? Aber ich bitte Sie, Dutzend andere Eigenschaften haben Sie, meine Dame, mit denen Sie glänzen könnten. Sie sind doch eine Frau, das wahre Wunder der Schöpfung! Ihr kommt die Krone zu, nicht dem Manne. Er ist nach den Worten des berühmten Arztes und Philosophen Agrippa von Nettesheim nur „der erste, sehr unvollkommene Versuch der Schöpfung" – aus heutiger Sicht ein Produkt der Nullserie, mehr nicht. In jeder dritten Frau dagegen ist eine Prinzessin verborgen!
Viele von ihnen wissen es nur nicht und vernachlässigen Gesicht, Sprache und Haltung. Die Anlagen müssen geweckt und entwickelt werden. Von nichts wird nichts.

Der Natur muss man schon ein wenig nachhelfen, wenn sie nicht von vornherein etwas verschwenderisch war.

Das Haar will gepflegt sein, es muss zum Wesen passen. Das blasse Gesicht muss nicht ausdruckslos bleiben, die Kosmetik ruft Wunder hervor. Wie geschmackvoll kann sich die Frau kleiden! Hunderte Möglichkeiten stehen ihr zur Verfügung. Und wie viel hängt von einer guten Haltung ab! Man kann gehen oder schreiten, meine Dame, es hängt von Ihnen ab, ob man Sie bewundert, wenn Sie vorübergehen, und es ist meistens nur Verlegenheit, beim Sitzen die Beine ständig übereinanderzuschlagen; selbst die schönsten Knie können dann nichts mehr retten.

Und der Elisabeth II., der kühlen Königin, darf man ruhig mal über die Schulter und auf den Mund sehen, wenn sie Empfänge gibt oder Visiten macht. Elisabeth fragt, sie ermuntert zum Sprechen, sie lächelt, sie nickt zustimmend, hört zu, doch sehr viel kommt nicht über ihre Lippen. Eine Frau, die ihre Gefühle auf der Zunge trägt, hat schnell ihr Pulver verschossen. Man kennt und weiß bald alles von ihr, es bleibt nichts mehr zu fragen und zu sagen. Was bleibt, ist Leere, und der Mann hat leichtes Spiel mit ihr. Und vergessen Sie bloß den Hut nicht! Haben Sie Mut zum Hut! Glauben Sie mir, er erst bringt die Vollendung.

Ich verrate Ihnen ein Geheimnis, ein großes Geheimnis, meine Dame, das Sie aber auch weitergeben können. Wissen Sie, was echte Partnerschaft ausmacht? Das Geheimnis heißt S p a n n u n g. Wenn sie fehlt, ist alles bald Alltag. Wenn es in Ihrer Beziehung nicht mehr „knistert", das Leben gleichmäßig und einförmig und träge dahinfließt, ist alles verloren. Sie haben alle Trümpfe in der Hand, meine Dame. Sie müssen sie nur auswählen und im richtigen Zeitpunkt ausspielen.

Ihr Partner kann auch ruhig mal e r s c h r e c k e n! „Stell dir vor", kommt sie aufgeregt und fassungslos nach Hause. „Heute hat mich an der Haltestelle ein Mann mit einem wunderbaren Bart angesprochen. Ich spürte es gleich, das kann nur ein Künstler sein. Er kam auf mich zu, als ob er mich kennte, siegessicher und frech, und sagte: ‚Sie entsprechen genau meinen Vorstellungen von einer schönen Frau. Ich möchte Sie malen.' Hätte ich zusagen sollen, was meinst du? Vielleicht will er sogar einen A k t von mir m a l e n! Morgen werde ich ihn wiedersehen und eine Antwort geben müssen. Was soll ich bloß machen? Hat er unredliche Absichten? Ich glaube es nicht. Er macht einen soliden Eindruck. Alles ist nobel an ihm."

Dieser S c h o c k sitzt tief. Wenn er es vergessen haben sollte, weiß er nun wieder, was S p a n n u n g ist und was sie bedeutet. Sie sehen, ein bisschen muss man schon nachhelfen, wenn man Prinzessin sein will. Nichts fällt uns in den Schoß, uns Geringen gleich gar nicht.

Doch ü b e r s p a n n e n darf man den Bogen nicht. Eine Königin braucht Untertanen, die ihr gern und aus freien Stücken z u j u b e l n, die stolz auf ihre Herrin sind. Das können nur freie und mündige Bürger; Vasallen dagegen bringen nur Hochrufe aus, wenn sie Freibier bekommen.

Neulich war ich Zeuge, wie sich ein Paar freudig begrüßte, so ganz jung war es nicht mehr: „Da bist du ja, Prinzessin, ich freue mich, dich wiederzusehen!" – Sie staunen, winken ab, Sie meinen, so ungewöhnlich war das nicht, weil sie nicht verheiratet waren? Das kann schon sein, aber sie haben die besten Voraussetzungen für eine glückliche Ehe. Der Mann muss die Frau als etwas Besonderes ansehen, er darf sie ruhig ein bisschen a n b e t e n, ein bisschen a n h i m m e l n, sie eben wie eine Prinzessin behandeln. Sie wird es ihm immer danken.

Lotto spielen

Unser guter Mozart war eine Ausnahmeerscheinung, ein wahres Wunderkind, schon als Fünfjähriger setzte er die Welt in Erstaunen, doch was das Geld angeht, unterschied er sich nicht sehr von uns Sterblichen. Es wird berichtet, dass er zeitweise der Spielleidenschaft verfallen war und trotz hoher Einkünfte ständig Schulden hatte. Seine Spielsucht brachte nichts ein, der Schuldenberg wurde nur größer. Nicht jeder Spieler sprengt eben die Bank.

Ich bin auch so ein Spieler wie Mozart, nicht auf Klavier und Geige, sondern beim Lotto. Jede Woche versuche ich aufs Neue mein Glück. Warum eigentlich? Mich drücken keine Schulden, ich habe ein sicheres Auskommen, ich muss den Euro nicht zweimal umwenden, ehe ich ihn ausgebe. Spielleidenschaft oder gar Spielsucht ist es nicht, was mich antreibt. Was also lässt mich nicht rasten und ruhen?

Ich will ganz einfach das Glück herausfordern, das ist alles. Ich will und muss wissen, wie's um mich steht. Ob ich sorglos dem nächsten Tag entgegengehen kann, weil eine Glücksfee über mir wacht und es nicht zulässt, dass mir Unglück geschieht. „Ohne Glück", meint Lessing, „kann man nicht einmal ein richtiger Spitzbube sein."

Überall braucht man den Glücksengel. Beim Autofahren, beim Fallschirmsprung, bei der Liebe, bei der Prüfung, ja sogar dann, wenn man nur den Zebrastreifen überquert! Wie viele sind schon von dem kleinen Streifen direkt in eine andere Welt gelangt!

Wer nicht an sein Glück glaubt, der kann sich begraben lassen. Geduld allerdings muss man haben, das Glück lässt sich nicht zwin-

gen. Aber wenn man die Tür zu öffnen vergisst, geht es vorbei. Die Tür, für die ich das Glück öffne, das sind sechs Zahlenreihen.
Jede Woche liefere ich sie ab und setze mich dem Zufall aus. Ich weiß, meine Chancen auf einen „Sechser" stehen 1:50.000.000, aber das macht doch gerade die Sache so spannend! Wenn ich wirklich gewinne, dann weiß ich, dass über mir eine Glücksfee wacht und lacht.

Und blind unterwerfe ich mich dem Zufall doch nicht. Meine Zahlenreihen wähle ich aus, und jede Woche werden zudem neue erprobt. Ich mische die Karten, der Zufall ist ganz dem Zufall ausgeliefert, wenn er sie zieht. Wirf das Netz aus, der Zufall bringt die Fische. Geldfische, Goldfische, um die geht es doch. Geld gefällt. Es reimt sich auf Welt. Mit Geld kann man in alle Winde segeln. Und – wenn das kein Grund zum Spielen ist! – es wirkt bis ins Jenseits: Wer Geld hat, dem geht der Teufel aus dem Wege.

„Das Glück ist eine leichtfertige Person", meint Nestroy, „die sich stark schminkt und nur von Ferne schön ist." Das mag sein, ich will nicht widersprechen, aber wenn es eines Tages als Millionengewinn daherkommt, dann nehme ich die Schminke gern in Kauf, und in der Nähe werden Millionen schon nicht hässlich sein.

Einmal Millionär sein! Gleichziehen mit den anderen und auf der Sonnenseite des Lebens stehen! Und wie viele Menschen könnte man glücklich machen! Trotz Schminke würde ich rufen, wenn die vielen Taler angerollt kommen: „Seid umschlungen, Millionen!"

Diese Woche wieder nichts gewonnen? Der Zufall ist ein Tyrann, man muss warten, bis er sich gnädig zeigt. Ich verstecke mich hinter dem Preußenkönig Friedrich II.: „Je mehr man altert, desto mehr überzeugt man sich, dass Seine heilige Majestät, der Zufall, gut drei Viertel der Geschäfte dieses miserablen Universums besorgt."

Das Goethehaus

Mein Sohn, 40 Jahre alt, ist viel unterwegs, nicht aus eigenem Antrieb, die Firma treibt ihn umher. Er sieht viel, kennt viele Städte, kennt sich aus in unserem Land. Anstrengend ist das, keineswegs ungetrübte Freude, zuweilen wird dabei die Grenze der Leistungsfähigkeit überschritten.
Neulich war er in Frankfurt am Main. Ich fragte ihn, was er dort gemacht habe, auch in seiner freien Zeit, und ich, der Goethefreund, war so enttäuscht, dass er das Goethehaus nicht besucht hat. „Das Goethehaus", hielt ich ihm entgegen, „muss man besuchen, wenn man in Frankfurt ist."

„Muss man?", fragte er zurück. „Warum, wer schreibt es vor, von wem stammt dieser kategorische Imperativ?"

Aus klassischer Musik weiß er sich nichts zu machen; zum Lesen kommt er kaum, Literatur liegt abseits seiner Landstraße; Kunst und Kultur, das sind seine Stiefkinder. Er ist praktisch veranlagt, hat goldene Hände. Ein wunderschönes Bad hat er in sein Häuschen eingebaut, die Treppe völlig neu gestaltet, den Garten in ein kleines Paradies verwandelt. Kein Handwerker, kein Meister hätte es besser gemacht. Ich brächte so etwas nie zustande. Ich bin bei Goethe zu Hause und der Weltliteratur, und seit meiner Jugend besuche ich Theater und Konzerte.

„Das Goethehaus muss man besuchen! – Muss man das wirklich?" Seine Entgegnung hat mich nachdenklich gemacht. Und haben wir nicht eben Goethes Worte vernommen, die er uns „Zur Beherzigung" ins Stammbuch geschrieben hat, dass sich eines nicht für alle schicke? Gut, dass mein Sohn in der Literatur nicht zu Hause ist, er hätte mich mit meinen eigenen Waffen schlagen können.

Nach des „Tages Arbeit" wollte er sich erholen – wer wollte es ihm verdenken? – und hat den Zoologischen Garten besucht. Das Goethehaus hätte ihm diese Entspannung nicht geben können. Ich nehme alles zurück.

Wie, du warst vor Kurzem in Altenburg und hast die berühmte Sammlung der italienischen Frührenaissance angesehen, das Skatmuseum aber links liegen lassen? In Stralsund das Museum für Meereskunde besucht, aber die Altstadt mit ihren schönen alten Bürgerhäusern und Kirchen überhaupt nicht beachtet? Drei Tage lang hat dich das klassische Weimar gefesselt, aber ein Besuch von Buchenwald lag außerhalb deiner Interessen?
In jeder Stadt Leerstellen, überall Sündenregister. Wer im Glashaus sitzt, soll nicht mit Steinen werfen.
Nein, auf allen Gebieten kann man sich nicht auskennen, nicht überall kann man zu Hause sein. Der Techniker ist froh, wenn er sein enges Fachgebiet beherrscht, der Sprachwissenschaftler, wenn man ihm in seinem Fach nichts vormachen kann. Und stehen bleiben kann man sowieso nicht; jedes Jahr bringt Wissenszuwachs, und man hat Mühe, auf dem neuesten Stand zu bleiben.

Wenn „Bildung" allerdings nicht zu eng gefasst wird, wenn Neigungen und Interessen breit gefächert sind, erspart man sich manche Blöße. Ich habe das mehrfach erleben können. In Moskau war ich zu Besuch, junge Deutschlehrer habe ich angetroffen, die hellauf begeistert waren von der Lyrik Goethes und der des 19. Jahrhunderts. Viele Gedichte kannten sie auswendig, Heinrich Heine war ihr besonderer Freund. Sie fragten mich natürlich, was ich, der Techniker, von diesem großen Lyriker halte und kenne, und baten mich um einige Proben. Wenn ich nicht in der Lage gewesen wäre, zum Beispiel die berühmte „Loreley" vorzutragen, welche Blöße hätte ich mir gegeben, und nicht nur mir ...

In Leipzig habe ich mit japanischen Gästen ein Konzert besucht. Man weiß, wie sehr sie die deutsche Musik lieben und BACH verehren. Auf dem Programm stand das „Deutsche Requiem" von Johannes Brahms. Wie überrascht und erstaunt war ich, als sie auf dem Wege zum Konzert Textstellen daraus wie zum Beispiel „Alles Fleisch, es ist wie Gras ..." und „Tod, wo ist dein Stachel, Hölle, wo ist dein Sieg?" deutsch zu singen begannen! Sie waren keine Musiker, sondern „gewöhnliche Ökonomen", aber in ihrem Laienchor stand unsere Musik hoch im Kurs. Was hätte ich für eine komische Figur abgegeben, hätte ich bekennen müssen, dass mir Text und Musik fremd seien ...

Mein Leben lang werde ich diese Begegnungen nicht vergessen können. Das, was unsere Kultur weltbekannt gemacht hat, möchte man sich schon in wesentlichen Teilen aneignen. Das sind wir den alten Meistern schuldig und uns selbst. „Vergeßt mir die Meister nicht", heißt es in der Ansprache des Hans Sachs in Wagners „Meistersingern", und mit dem Jubelchor „Ehrte eure deutschen Meister" klingt die Oper aus. Diese Mahnung darf man ruhig wörtlich nehmen, vor allem in unserer Zeit, die auf Technik, Ökonomie und Wohlleben ausgerichtet ist und Kunst und Kultur nur eine Seitenloge zuweist. Ein bisschen darf man ruhig „Hans Dampf in allen Gassen" sein.

Die schönste Frau der Welt

„Ich sehe so gern in dein Gesicht. Es ist so ebenmäßig, harmonisch und ausdrucksvoll. Es hat etwas von einer Madonna. Deine Augen sind ein kleines Wunder. Sie haben sich auf keine Farbe festgelegt; Braun und Grün ist dabei und sogar ein rötlicher Schimmer. Fröhlich und auch ein bisschen schelmisch blicken sie in die Welt.

Deine Lippen, fein geschnitten und gefällig, sind wie kleine Boote, die auf deinem schönen Lächeln schwimmen. Deine Knie gibt es nicht noch einmal auf der Welt, so rund und schön sind sie. Ich habe ihnen eine Kurzformel gegeben: „KK" heißen sie bei mir: „klassische Knie". Mehr dazu ist nicht zu sagen.

In deine schlanken Beine bin ich verliebt, seit ich sie kenne, und in ihren elastischen Gang. Unter Tausenden würde ich dich im Dunkeln erkennen. Alles an dir gefällt mir eben an dir. Dabei habe ich noch gar nicht von deinem Haar gesprochen. Wie du das leicht und locker und so kunstvoll um dein Köpfchen zauberst, das ist ein Gedicht. Niemand kann da mithalten mit dir.

Ist etwas nicht vollkommen an dir? Die Füße vielleicht, die vielen Frauen Schwierigkeiten machen? Man muss sie sehen, dann weiß man: auch sie kann man küssen, und ich habe es schon manchmal getan. An dir ist eben alles einzigartig und schön. Alles passt zueinander, nichts tanzt aus der Reihe. Du bist die schönste Frau der Welt."

Sicher kannte unser Schwärmer das „Hohelied Salomos" „Siehe, meine Freundin, du bist schön! Siehe, schön bist du! Deine Augen sind wie Taubenaugen zwischen deinen Zöpfen. Dein Haar ist wie eine Herde Ziegen, die gelagert sind am Berge Gilead herab.

Deine Zähne sind wie eine Herde Schafe mit beschnittener Wolle, die aus der Schwemme kommen, die allzumal Zwillinge haben, und es fehlt keiner unter ihnen.

Dein Haar auf deinem Haupt ist wie der Purpur des Königs, in Falten gebunden. Deine Wangen sind wie der Ritz am Granatapfel zwischen deinen Zöpfen. Dein Hals ist wie ein elfenbeinerner Turm, mit Brustwehr gebaut, daran tausend Schilde hangen und allerlei Waffen der Starken.

Deine zwei Brüste sind wie zwei junge Rehzwillinge, die unter Rosen Weiden. Wie schön ist dein Gang in den Schuhen, du Fürstentochter! Deine Lenden stehen aneinander wie zwei Spangen, die des Meisters Hand gemacht hat. Dein Schoß ist wie ein runder Becher, dem nimmer Getränk mangelt. Dein Leib ist wie ein Weizenhaufen, umsteckt mit Rosen. Deine Lippen sind wie triefender Honigseim; Honig und Milch sind unter deiner Zunge. Deine Liebe ist lieblicher denn Wein, und der Geruch deiner Salben ist wie der Geruch des Libanon. Du bist wie ein verschlossener Garten, eine verschlossene Quelle, ein versiegelter Born. Wie schön und wie lieblich bist du, du Liebe voller Wonne!"

Das Lob unseres Freundes war keine leichtfertige Schwärmerei einer zufälligen Hochstimmung. Manche kleinere oder größere Liebschaft hatte Salomo schon erlebt, aber zum ersten Male, so meinte er, war es die große Liebe, die ihm begegnet sei.

„Alles wünscht ich zu haben, um mit ihr alles zu teilen;
Alles gäb ich dahin, wär sie, die Einzige, mein!" *(Goethe)*

Seine Lobpreisung kam aus vollem Herzen. Wes das Herz voll ist, des geht der Mund über. So steht es bei Matthäus. Und so erging es auch unserem Freunde. Er empfand seine Worte so natürlich wie er sie im „Hohelied" bei Salomo kennengelernt hatte.

In einer guten Stunde trug er ihr sein „Hohelied" vor, doch ihn erwartete eine böse Überraschung. Die Angebetete wurde verlegen, etwas verwirrt, suchte nach Worten, dann lachte sie schallend und antwortete: „Du sagst mir nichts Neues. Das haben mir schon viele Männer vor dir gesagt." Bosheit stand in ihrem Gesichte, auch etwas Spott. Ihm fielen Schuppen von den Augen; jetzt erkannte er, wer sie wirklich war.

So endete eine auf einem Irrtum ausgerichtete Liebe. An Frauenschönheit, steht im Buch Sirach, sind schon viele zugrunde gegangen.

Gelassenheit

Kennen Sie diesen Zustand? Haben Sie ihn schon einmal erprobt? Oder sind Sie ein Wüterich, der schnell geifert und schäumt und gar um sich schlägt, wenn ihm etwas nicht behagt? Unsere Zeit kennt solche Typen, oft wird sogar zum Messer gegriffen, um Konflikte zu lösen; die Hemmschwelle zur Gewalt ist niedrig geworden, sehr niedrig.

Die Ampel schaltet auf GRÜN, der Fahrer vor Ihnen fährt nicht weiter und hält ohne sichtbaren Grund den Verkehr auf. Träumt oder schläft er? Die Ampel wird GELB, dann wieder GRÜN, doch unseren Mann berührt das nicht, er bleibt stehen, als ginge ihn das alles nichts an. Hält er uns zum Narren? Zeit ist kostbar, Zeit ist Geld, schnell wird man ungehalten. Was kann man tun? Schimpfen? Fluchen? Hupen? Nochmals hupen, damit er endlich den Weg freigibt? Dann ununterbrochen hupen? Das wird das Beste sein. Hupen wird ihn zur Vernunft bringen.

Die junge Frau vor mir ist voller Humor, sie steigt aus, geht nach vorn und fragt ihn mit dem Charme, der nur einer Frau eigen ist: „Entschuldigen Sie bitte, junger Mann, für Sie war wohl bisher noch nicht die richtige Farbe dabei?" Höflicher und freundlicher kann man nicht sein; vielleicht liegt sogar ein bisschen Spott in ihrer Frage, aber den verdient er wahrscheinlich auch.

So gelassen wie diese junge Frau müsste man sein, wenn sich Wut in den Bauch einschleichen will. Neidisch könnte man werden. Warum neidisch? Liegt nicht alles an uns selbst? Was hindert uns daran, gelassen zu sein? Ein bisschen Geduld braucht man, vielleicht sogar ein bisschen Demut aus dem Wissen heraus, dass wir alle Schwächen und Fehler haben. Niemandem müssen wir uns überlegen fühlen.

Gelassenheit stellt Gleichheit her, sogar einen gewissen Gleichklang. Wir bringen uns mit dem Partner auf Augenhöhe. Wir entschuldigen von vornherein die Abweichung. Wir setzen ein Zeichen für Verständnis und Versöhnung. Er wird das sofort spüren und die eigene Haltung bedauern. Eine Schimpfkanonade mit Wut im Bauch hätte er von sich ablaufen lassen wie lästigen Regen, aber diesen Moment wird er sein Leben lang nicht wieder vergessen.

Auf einen groben Klotz gehört ein grober Keil? Das mag sein, doch Höflichkeit entwaffnet jeden Hitzkopf. Und großen Vorteil beschert sie uns. Sie bringt Überlegenheit, erhöht den eigenen Wert. „Gelassenheit ist eine anmutige Form des Selbstbewusstseins." *(Marie von Ebner-Eschenbach)*

Um gelassen zu sein, sind Gemüt und Intellekt gleichermaßen gefragt. Mitunter muss aber auch Kaltblütigkeit hinzutreten, wenn's brenzlig wird. Die Dame hinter dem Schalter der Sparkasse sieht sich plötzlich einem Ganoven gegenüber: „Geld her oder ich schieße!" Es geht um Leben und Tod. Sie lässt sich nicht aus der Fassung bringen, lächelt ihn an, als ob sie ihn verführen wollte, und appelliert an sein Schönheitsempfinden: „Ziehen Sie Ihren Schlips fest, mein Herr, Sie werden gefilmt!" Alles hat unser Ganove bedacht, aber nicht diese ungewöhnliche Situation, diese Gegenwehr ohne Waffen. Sie macht ihn hilflos und schwach, und ohne Beute sucht er das Weite.

Zwei Frauen haben uns vorgeführt, was Gelassenheit ist – wo bleiben die Männer? Rousseau erzählt uns in seinem „Emile" das

Beispiel von Vicomte de Turenne, einem der größten Männer des 17. Jahrhunderts.

An einem heißen Sommertag stand der Graf in kurzer weißer Jacke und Nachtmütze am Fenster seines Vorzimmers. Einer seiner Diener kommt herein und, von diesem Aufzug getäuscht, hält er seinen hohen Herrn für einen Küchengehilfen, schleicht sich heimlich heran und versetzt ihm einen kräftigen Schlag auf den Hintern. Rasch dreht sich der Getroffene um; zitternd erkennt der Diener seinen Herrn. Außer sich wirft er sich vor ihm auf die Knie und bittet ihn um Vergebung: „Monseigneur, ich habe geglaubt, es wäre Georg!" Und wie nimmt der hohe Herr die Schläge auf? Gelassen antwortet er: „Und wenn es Georg gewesen wäre, so derb hättest du nicht zuzuschlagen brauchen."

Auch unser Voltaire rettet die Ehre des starken Geschlechts. Als es ans Sterben geht, kommt ein Priester zu ihm, um den ungläubigen Spötter zu bekehren. Er solle beichten, seine Sünden bereuen und Buße tun, sonst müsste er endlos in der Hölle schmoren. In allen Farben malt der Seelenhirte die Höllenqualen aus, doch einen Voltaire kann das nicht erschüttern. Gelassen antwortet er: „Geben Sie sich keine Mühe, mein Herr. In wenigen Minuten werde ich mit Ihrem Chef persönlich sprechen." Auch angesichts des Todes und der Hölle kann man gelassen sein. Sofern man das gehörige Rüstzeug hat. Denken Sie an Voltaire, wenn's bei Ihnen so weit ist. Ungehalten sein oder Fluchen bringt nichts. Auch Hupen wird nicht helfen.

Gefasst sein ist alles, Frau Meier macht es uns vor. Sie war mit ihrer Morgentoilette beschäftigt, als ein Arbeitskollege ihres Mannes an der Tür klingelt. Sie kann nicht öffnen und ruft: „Was gibt es, mein Herr? Was kann ich für Sie tun?" Er muss eine traurige Nachricht übermitteln. „Ihr Mann ist von einer Dampfwalze überfahren und platt gedrückt worden!", meldet er der Frau Meier. „Ich sitze gerade in der Badewanne", antwortet sie, „ich kann jetzt nicht öffnen. Schieben Sie ihn durch die Tür!"

Diese Frau Meier! Wenn sie in der Badewanne sitzt, lässt sie niemanden in ihre Träume ein, auch nicht den Tod; da setzt sie Raum und Zeit außer Kraft, da ist die ganze Relativitätstheorie nur noch Makulatur. Der Glücklichen schlägt keine Stunde.

Wie wir sein sollen, das macht uns die Natur vor. Ohne Hast hebt sich frühmorgens die Sonne empor, und auch abends beim Abschied lässt sie sich viel Zeit.

Ruhig zieht der Mond seine Bahn, und auch das Sternenzelt am Himmel hält nichts von einem schnellen Wandel. Und wie die Nacht heraufzieht, das hat Eduard Mörike für uns beschrieben:

> „Gelassen stieg die Nacht an Land,
> Lehnt träumend an der Berge Wand,
> Ihr Auge sieht die goldne Waage nun
> Der Zeit in gleichen Schalen ruhn."

Das ist das Große an der Natur, dass sie so einfach ist und sich immer gleichbleibt. „Die Natur ist das einzige Buch, das auf allen Blättern großen Gehalt bietet." *(Goethe)* Nach Herzenslust dürfen wir darin blättern.

Ein Stern erster Größe

Claudius Ptolemäus hat vor fast 2.000 Jahren Ordnung in die Sterne gebracht, hat zwischen scheinbarer und absoluter Helligkeit unterschieden und die sichtbaren in fünf Klassen eingeteilt. Die hellsten wurden zu Sternen erster Klasse erhoben und leuchten für uns nun weithin am Himmel. Nur eines hat der Grieche nicht bedacht: Es gibt auch Sterne erster Ordnung mitten unter uns. Das war beim klugen Ptolemäus gar nicht vorgesehen. Sie kommen plötzlich zur Tür herein und verbreiten Licht und Leben ringsumher, und wir stehen da und können nur staunen.

„Manchmal gesellte sich eine erstaunlich junge Person zu unserem Kreis – unangemeldet und meist erst zu später Stunde. Plötzlich war sie da – eine atemberaubende Erscheinung. Ihr Antlitz unter der Löwenmähne war von verblüffender Schönheit, das schönste Gesicht, wollte mir scheinen, das ich jemals gesehen; und in der Tat ist mir ein schöneres bis auf den heutigen Tag nicht begegnet. Sie hatte die Marmorstirn einer trauernden Göttin und weite Augen voll goldener Dunkelheit. Die langen, geschwungenen Augenbrauen waren sorgfältig rasiert und nachgezogen, die blauen Schatten auf den Lidern waren künstlich vertieft; im Übrigen aber benutzte sie keine Schminke, nicht einmal Lippenrouge – weshalb denn auch ihr Mund sehr blass erschien: ein blasser, großer, trotziger Mund von unvergleichlicher Zeichnung in einem blassen, groß und kühn modellierten, trotzig-schwermütigen Antlitz. Ihre tiefe, grollende Stimme schien beladen mit düster-süßem Geheimnis, ob sie nun übers Wetter sprach oder über den Film, in dem sie beschäftigt war. Es war unbeschreiblich rührend, sie lächeln zu sehen, was nur selten geschah. Ihr herrliches, untröstliches Gesicht hellte sich zögernd auf; wenn das Lächeln aber erst einmal um ihre mächtigen Augen und die stolze Kurve des Mundes niedergelassen hatte, verweilte

es etwas zu lange – nun seinerseits zögernd, sich von so lieblicher Landschaft loszulösen. Schließlich aber erlosch es – dieses fremde Lächeln, das eigentlich nicht zu ihr passte –, und die Tragödin war wieder ganz sie selbst ...
Und sie verschwand im dufteschweren Dunkel der kalifornischen Nacht, aus der sie – atemberaubende Erscheinung – stolzen und schleppenden Schrittes zu uns gekommen war ..." Das war im Jahre 1927, nachzulesen im „Wendepunkt" von Klaus Mann. „Das Mädel wird einen Bombenerfolg haben", prophezeite damals Emil Jannings mit fachmännischem Blick. „Sie setzt sich durch, wartet nur! In zwei bis drei Jahren kennt die ganze Welt ihren Namen ..."

Jeder kennt seit Langem ihren Namen und weiß, wer gemeint ist. Sie etwa nicht? Sie kennen sich nicht so aus in alten Filmen, schätzen und lieben die Moderne und das pulsierende Leben? Alte Filme können Sie nicht hinter dem Ofen hervorlocken?

Aber es ist doch kein Sternchen, wie sie kommen und gehen und wie sie heute zu Dutzenden die Fernsehkanäle bevölkern, sondern eine große Künstlerin, e i n S t e r n e r s t e r O r d n u n g! Und eine berühmte Deutsche dazu, die mit ihrem Namen unserem Namen in dunkler Zeit viel Ehre eingelegt hat in der Welt. Dafür muss man doch Interesse haben.

Dass sie eines Tages zu einem solchen Stern wird, deutete sich schon zeitig an. In einem harmlosen Operettenfilm, als sie noch ein Filmsternchen war, da schreibt man über sie: „Eine ganze Generation leerlaufender Verführungsdamen kann durch diese Schauspielerin entthront werden. Ihr entströmt ein Fluidum, dem keiner widerstehen kann. Kaum bewegt sie sich, kaum sagt sie ein Wort, ist alles in ihrem Banne. In ihrer eigenartigen Individualität zieht sie alle Aufmerksamkeit auf sich. Sie ist fabelhaft, großartig, und man weiß nicht, warum. Doch, man weiß es: weil sie einzigartig ist, einmalig, wie alle die großen Stars, die eine originelle Individualität repräsentieren. Schönheit selbst kann nachgeahmt werden; sie aber, mit ihrem eckigen Gesicht und dem undefinierbaren Etwas gibt es nur einmal." „Sie hatte eine ganz seltene Fähigkeit", heißt es an anderer Stelle, „die Fähigkeit, völlig reglos auf der Bühne zu stehen und dennoch die gespannte Aufmerksamkeit des Publikums auf sich zu ziehen ... Ihre Pose (auf dem Bühnenboden sitzend und eine Zigarette rauchend) war so natürlich, in ihrer Stimme lag so viel Melodik; sie ging mit ihren Gesten so sparsam um, dass sie den Zuschauer faszinierte wie ein Gemälde von Modigliani."

Das konnte für sie nicht ohne Folgen bleiben. „Sie ist sehr selbstsicher und von ihrer Schönheit überzeugt. Ihr Gang, ihre Blicke, alles ist genau kalkuliert. Sie kennt ihre Wirkung." Und nicht nur ihr Spiel war es, was alle bezauberte, etwas anderes kam hinzu: Sie konnte mit einer Gabe wuchern, die ihr die Natur in die Wiege gelegt hatte: mit den Beinen. „Ihre Beine waren das Tagesgespräch von Berlin." So sollte es ein halbes Jahrhundert überall bleiben, wohin sie auch kam. Wie, du glaubst es nicht? Sieh dir die Fotos durch, wo sie zu sehen sind, dann wirst du auch sagen: Sie hatte die schönsten Beine der Welt.

Und dann kommt im Jahre 1929 ihre große Stunde: Sie bekommt die Hauptrolle in dem Film „Der blaue Engel". Josef von Sternberg, der geniale Regisseur, kommt extra aus Amerika angereist, um in Deutschland gerade diesen Film zu machen. Er ist von allem begeistert, von den Darstellern, von den Bedingungen. „Mir ist, als wär' ich in Hollywood gestorben und im Himmel wieder aufgewacht."

Sie spielt (an der Seite des unvergesslichen Emil Jannings) die „Künstlerin Fröhlich", eine verführerische Varieté-Sängerin, die Lola Lola. Was sie dort an Leistung zeigt, ist Spiel in Vollendung. Ihre Songs (von Friedrich Hollaender) wie zum Beispiel „Ich bin die fesche Lola, der Liebling der Saison!" und „Ich bin von Kopf bis Fuß auf Liebe eingestellt, denn das ist meine Welt. Und sonst gar nichts" scheinen auf den ersten Blick belanglose Nummern zu sein, aber sie schaffen die Atmosphäre, nach welcher der Stoff gebieterisch verlangt, sie sind das Leitmotiv für die Handlung.

Und w i e s i e gesungen und gespielt werden, das ist einmalig, das kann weder nachgeahmt noch übertroffen werden.

Bei diesem Film stimmt wirklich alles: Drehbuch, Darsteller, Bauten, Musik. Er lässt die (etwas dürftige) Romanvorlage von Heinrich Mann aus dem Jahre 1905 („Professor Unrat") weit hinter sich. Er ist eine Spitzenleistung, ein wirkliches FILMKUNSTWERK, das Beste zwischen den Weltkriegen. Er wird zum Weltereignis. Er erobert im Nu alle Herzen und Länder.

Du kennst ihn nicht? Wirklich nicht? Dann hast du bisher nur halb gelebt und solltest es bald nachholen. Der Film hat Maßstäbe gesetzt, die heute noch gelten. Es ist ein Höhepunkt deutscher und europäischer Filmkunst.

Unmittelbar nach der Premiere des Films verlässt sie Deutschland und geht (mit ihrem Regisseur) nach Amerika, nach Hollywood. Eine unglaubliche Karriere beginnt. Dabei sind es oft nur inhaltlich belanglose Filme, in denen sie die Hauptrolle bekommt. Hier ist sie ein Flittchen in einem Tanzlokal im Wilden Westen, dort spielt sie eine etwas trübselige Schlampe; hier ist sie eine Nachtklubsängerin, dort eine Bordellbesitzerin. Es macht ihre Größe aus, dass sie allen

Filmen ihr Gepräge zu geben versteht und sie zumeist zu Welterfolgen macht. Die Nazis umwerben sie; sie soll zurückkehren. Man garantiert ihr alle Freiheiten und Privilegien; sie könne Filmrollen nach ihrer Wahl übernehmen.
Man will mit ihr glänzen; man will sie benutzen. In ein System zurückzukehren, das sie im tiefsten Herzen hasst, das ist ihr unmöglich, sie lehnt alle Angebote brüsk ab. Das Deutschland, das sie liebte, existierte für sie nicht mehr. Mit den braunen Horden will sie nichts zu tun haben.

Sie nimmt die amerikanische Staatsbürgerschaft an. „Ich war gezwungen, meine Nationalität zu wechseln, als Hitler an die Macht kam. Sonst hätte ich es nie getan. Amerika nahm mich auf, als ich sozusagen kein Vaterland mehr hatte, und ich war dankbar dafür ... Ich war ein guter Bürger, aber im Innern bin ich Deutsche geblieben. Deutsch in meiner Seele, deutsch in meiner Erziehung ... Deutsche Philosophie, deutsche Dichtkunst – das sind meine Wurzeln."

Anfang 1944 gibt sie ihren Hollywood-Luxus auf und zieht die Uniform der amerikanischen Armee an. Sie wollte mit ihren Möglichkeiten zum Sieg über die braune Barbarei beitragen. „Ich fühlte mich mitverantwortlich für den Krieg, den Hitler verursacht hatte. Ich wollte mithelfen, diesen Krieg so bald wie möglich zu beenden. Das war mein einziger Wunsch." Es gab nicht viele „Berühmtheiten", die bereit waren, die Unannehmlichkeiten des Krieges mit den Soldaten zu teilen. Sie singt, tanzt und spielt vor den Soldaten in Nordafrika und Italien. Dann geht sie nach Frankreich, direkt an die Front. Zusammen mit den kämpfenden Truppen kommt sie nach Deutschland. Im zerstörten Berlin trifft sie ihre Mutter wieder, die sie 15 Jahre nicht mehr gesehen hat. Es war ein frohes, aber kurzes Wiedersehen; einige Monate später stirbt die Mutter.

Nach dem Kriege gab sie mit ihren Liedern Gastspiele rund um die Welt und wurde bejubelt und gefeiert wie keine Künstlerin jemals zuvor. Ergreifende Szenen spielten sich 1964 in Warschau ab. Verließ sie das Hotelzimmer, knieten im Korridor Frauen und küssten ihr Hände und Gesicht.
Sie wüssten, sagten sie, dass sie in der Hitlerzeit mit ihnen gewesen sei, die Kunde davon sei bis in die Konzentrationslager gedrungen und habe den Menschen viel Hoffnung gegeben.

An jedem Abend sang sie das Antikriegslied:

„The answer, my friend, is blowing in the wind"

Wie viele Straßen auf dieser Welt,
sind Straßen voll Tränen und Leid?
Wie viele Meere auf dieser Welt,
sind Meere der Traurigkeit?
Wie viele Mütter sind lang schon allein,
und warten und warten noch heut'?
Die Antwort, mein Freund
weiß ganz allein der Wind,
die Antwort weiß ganz allein der Wind.

Wie große Berge von Geld gibt man aus,
für Bomben, Raketen und Tod?
Wie große Worte macht heut' mancher Mensch,
und lindert damit keine Not?
Wie großes Unheil muss erst noch gescheh'n,
damit sich die Menschheit besinnt?
Die Antwort, mein Freund
weiß ganz allein der Wind,
die Antwort weiß ganz allein der Wind.

> Wie viele Menschen sind heut' noch nicht frei
> und würden so gerne es sein?
> Wie viele Kinder geh'n abends zur Ruh'
> und schlafen vor Hunger nicht ein?
> Wie viele Träume erflehen bei Nacht,
> wann wird es für und anders sein?
> Die Antwort, mein Freund
> weiß ganz allein der Wind,
> die Antwort weiß ganz allein der Wind.

Es wird dich erschüttern, dieses Lied; von i h r gesungen. Niemand könnte es mit so viel Inbrunst und Wärme interpretieren.

Unerfreulich war 1960 ihre Aufnahme in der Bundesrepublik Deutschland. Sie, die auf der richtigen Seite gestanden hatte und nicht wie manche angesehene Künstler des Nazireichs bei „Durchhaltefilmen" mitgewirkt und Schuld auf sich geladen hatte, war Schmähungen und Demütigungen ausgesetzt und wurde von Nazis und Ewiggestrigen beschimpft und angespuckt. Die Zeitungen nannten sie Landesverräterin und bedachten sie mit den übelsten Ausdrücken. Flugblätter wurden verteilt und Plakate gegen sie und ihre Konzerte gedruckt, die sie in Berlin, München und vier anderen Städten gab. Vor dem Titania-Palast in Berlin brachen Tumulte aus, im Deutschen Theater zu München hatte man Stinkbomben gelegt, um die Vorstellung zu stören. Es war beschämend, wie sich „das neue Deutschland" ihr zeigte. „Ich ging nie wieder zurück nach Deutschland. Ich hatte mehr als genug davon, angespuckt zu werden, hatte genug von den ‚Demonstranten', genug von der Haßliebe ..."

Schwächen hatte dein STERN wohl gar nicht. Fehler und Mängel? Sogar viele.

Die Garderobe für ihre Filmrollen hat sie immer selbst ausgewählt und bestimmt, selbst dann bestand sie darauf, wenn sie nicht unbedingt zur Rolle passte. Die Filmkamera hat sie immer so ausrichten lassen, dass ihr Gesicht die vorteilhafteste Beleuchtung und Stellung bekam und dass sie im Mittelpunkt stand. Und dann der Rummel um ihre Person! Schon zu Lebzeiten hat sie Tausende Dinge gesammelt und sorgsam aufbewahren lassen – Kleider, Blusen, Mäntel, Schuhe, Handtaschen usw. –, damit einst für sie ein Museum eingerichtet werden könne. Ist das eitel? Gewiss, aber kann man bei diesen Erfolgen und bei dieser Verehrung bescheiden bleiben und nicht eitel werden?

Ist es Schwäche oder Stärke, wenn sie von vielen berühmten Künstlern nicht nur verehrt wurde, um es vorsichtig auszudrücken? Ernst Hemingway, Erich Maria Remarque und Jan Gabin stehen in der Liebesgunst ganz oben, aber auch John Wayne, Ernst Lubitsch und Gary Cooper gehören dazu – um nur einige zu nennen; die Liste derer, die sie geliebt hat, ist lang. Ist s i e dafür verantwortlich zu machen oder gar zu schelten? Auch in der Liebe galten für sie andere Gesetze. Größe hat eigene Maßstäbe und taugt nicht für unsere Elle; legen wir sie an, ist sie immer zu kurz. Schwächen und Mängel, von denen auch sie nicht frei sind, machen sie uns nur liebenswerter, deuten sie doch an, dass sie M e n s c h e n sind wie du und ich und keine Götter.

Unser Stern setzt manches außer Kraft, was vordem war; auch die Einteilung der Sterne in zwei Gruppen. Sie gehört zur Größenklasse 1 in doppelter Bedeutung: scheinbare und absolute Helligkeit fallen bei ihr zusammen. Sie ist sozusagen eine Supernova am Himmel.

Liebe auf den ersten Blick

Wenn es knistert, der Funke überspringt und im Nu eine Flamme entfacht, dann ist sie passiert, die Liebe auf den ersten Blick, und Schmetterlinge kriechen in den Bauch; ein herrliches Gefühl, und niemand weiß genau, wie das Feuer entsteht. Ist es das Gesicht, was uns betört? Ein reizendes Gesicht hat viel Gewicht, doch Schönheit allein macht noch keine Liebe. Sind es die Augen, die den Brand entfachen? Ein Blick in die Augen legt die Seele des Menschen frei. Was das Auge sieht, das glaubt das Herz.
Sicher senden auch Gestalt und Gang und Stimme Botschaften aus, niemand kann die Feuerzeichen alle bestimmen. Das Aussehen ist es also, das zum Feuerwerk führt? Soll Liebe wirklich nur auf Äußerlichkeiten beruhen? Man kann es kaum glauben, aber unser Hegel hat das Geheimnis gelüftet und der Erscheinung ihren Platz zugewiesen: „Das Wesen erscheint", erklärt er den Vorgang, „also ist die Erscheinung wesentlich."

Nun wissen wir, wie es um die Liebe auf den ersten Blick bestellt ist. Ein übernatürliches, unergründliches Ereignis ist sie nicht mehr, aber trotzdem voller Rätsel. Wo sie erscheint, bedarf es auch nicht vieler Worte. Wenn die Augen sprechen, kann die Zunge schweigen. Sie ist etwas Großes, Schönes, Wunderbares. Für den, der sie erlebt, ist es Glück und Gnade.
Goethe hat das in seinem „Divan" besungen:

>„Wer von reiner Lieb' entbrannt,
>Wird vom lieben Gott erkannt."

Es gibt aufmunternde Bespiele. Kennst du GINA LOLLOBRIGIDA, den Schwarm aller Männer seit ihrem ersten Film „Fanfan, der Husar" mit dem unsterblichen GERARD PHILIPE? Jetzt ist sie

79 Jahre alt, und bald sollen die Hochzeitsglocken für sie läuten. Vor 22 Jahren hat sie in Monte Carlo den Spanier Javier Rigau Rifols kennengelernt. „Es war Liebe auf den ersten Blick", schwärmt die Filmdiva mit Hang zu jungen Männern. Er sei „leidenschaftlich wie alle Spanier" und habe sie verzaubert. Offenbar hält die Verzauberung bis heute an, auch wenn der Angebetete nun schon 45 ist. Für das große Ereignis hat er der „Gina Nazionale" einen Verlobungsring mit einem 36-Karat-Smaragd geschenkt. Mit Geschenken ist gut lenken. Die schöne Gina könnte es sich ja auch noch anders überlegen bei diesem Alter. In 25 Jahren hat er ja immerhin schon die 70 erreicht. mithin den Zenit seines Lebens überschritten. Davon lässt sich aber die „Liebe auf den ersten Blick" nicht leiten, sie erhält jung: die Lollo ist immer noch die jüngste und schönste Großmutter der Welt ...

So viel Glück hatte unser Goethe nicht: Schiffbruch hat er seinerzeit mit seiner großen Liebe erlitten. Bezaubernde Mädchen hatten seinen Weg schon gekreuzt – Kätchen, Friederike, Charlotte. Als er aber Charlotte von Stein gegenüberstand, war es um ihn geschehen. „Mein ganzes Wesen ist an dich geknüpft ... Durch dich habe ich einen Maßstab für alle Frauen, ja für alle Menschen", jubelt er. „Meine Seele ist fest an deine angewachsen, ich will keine Worte machen, du weißt, dass ich von dir unzertrennlich bin und dass weder hohes noch tiefes mich zu scheiden vermag." Etwas überschwänglich und vielleicht auch ein wenig unbedacht war das schon, denn der „Engel von einem Weibe" war verheiratet, elf Jahre schon mit dem Herrn Baron Stein, seines Zeichens Oberstallmeister des Herzogs, und hatte bereits sieben Kindern das Leben geschenkt, eine beachtliche Anzahl in elf Jahren, und sieben Jahre älter war sie auch – das konnte nicht gut gehen ...

Das Liebesband hielt zehn Jahre, dann ergriff er die Flucht; in Italien will er sich „von den physisch-moralischen Übeln" befreien, die ihn in Deutschland quälten, und als „ein neuer Mensch" zurückkommen. „Ich erhole mich hier nach und nach von meinem Salto mortale ..." So schlimm stand's um ihn, doch die südliche Sonne lässt ihn bald gesunden. Schon nach drei Monaten Flucht kann er eine frohe Botschaft nach Weimar senden: „Ich bin von einer ungeheuren Leidenschaft und Krankheit geheilt, wieder zum Lebensgenuss, zum Genuss der Geschichte, der Dichtkunst, der Altertümer genesen ... Ich bin mir selbst wiedergegeben." Ein neues Leben konnte beginnen.

Nach Weimar zurückgekehrt, „bis aufs innerste Knochenmark verändert", lief ihm das Glück über den Weg, ein Mädchen aus dem Volke, „ein kleines Naturwesen": Christiane Vulpius, 24 Jahre jünger als die schmollende Charlotte, „ein Blütenherz", ein „Erotikon" erster Güte. Goethe erfährt das Glück der „Liebe auf den ersten Blick" und schließt mit ihr einen Liebesbund fürs ganze Leben. Unser Goethe war damals 38 Jahre alt, als im Park an der Ilm das große Glück über ihn kam. Das ist dir zu lange, mein Freund? So viel Geduld kannst du nicht aufbringen? Einer solchen Ungewissheit willst du dich nicht aussetzen? Du beherrschst die Kunst des Flirts, einer Frau in die Arme, aber nicht in die Hände zu fallen, und das genügt dir vollauf? Du bist dir überhaupt im Zweifel, ob du dich jemals binden willst?

Sokrates meint: „Heirate oder heirate nicht, du wirst beides bereuen."

„Wer einsam ist, der hat es gut,
weil keiner da, der ihm was tut.
Ihn stört in seinem Lustrevier,
kein Tier, kein Mensch und kein Klavier.
Und niemand gibt ihm weise Lehren,
die gut gemeint und bös zu hören.
Der Welt entronnen, geht er still
in Filzpantoffeln, wann er will.
Sogar im Schlafrock wandelt er
bequem den ganzen Tag umher.
Er kennt kein weibliches Verbot,
Drum raucht und dampft er wie ein Schlot.
Geschützt vor fremden Späherblicken,
kann er sich selbst die Hose flicken.
Liebt er Musik, so darf er flöten,
um angenehm die Zeit zu töten,
und laut und kräftig darf er prusten,
und ohne Rücksicht darf er husten.
Und allgemach vergißt man seiner.
Nur allerhöchstens fragt mal einer:
Was, er lebt noch? Ei Schwerenot,
ich dachte längst, er wäre tot."

(Wilhelm Busch)

Was halten Sie von „Schlampampsen"?

Wie, damit können Sie gar nichts anfangen, das Wort haben Sie noch nie gehört? Irgendetwas Schlechtes oder Primitives wird es sein, „Schlamm" und „Schlampe" werden nicht weit entfernt davon sein, „schlampen" als „unordentlich arbeiten" kennen Sie und die „Schlamperei", die daraus hervorgeht, das ist nichts für gesittete Bürger, und für Dichter gleich gar nicht. Die Dichter sind Stimme und Gewissen der Nation; sie schweben in höheren Regionen.

Das glaubte ich auch, aber der Glaube mag wohl Berge versetzen, aber frei von Irrtum ist er nicht; das gesteht selbst manch einsichtiger Papst. Tatsächlich ist es ein D i c h t e r, der sich in diese ungesitteten Niederungen begeben hat. Wer wird es gewesen sein? Lessing vielleicht? Er war ewig Junggeselle, erst mit 47 hat er sich vermählt; einem Junggesellen ist alles zuzutrauen. War es Goethe? Alle Welt sagt, dass er es toll getrieben hat, aber er war Minister und Geheimrat, da wird wohl nichts gewesen sein mit „Schlampampsen". Kommt Schiller infrage? So abwegig ist das nicht, er hat „Die Räuber" geschrieben und andere Räubergeschichten. Sind wir bei Heine auf der richtigen Spur? Er hat 25 Jahre in Paris zugebracht, in diesem frivolen Paris – ja, Heine könnte es gewesen sein.

Ich will Sie nicht auf die Folter spannen, aber auch nicht mit der Tür ins Haus fallen, ein bisschen Geduld müssen Sie schon aufbringen. Mit ein paar Episoden will ich Ihnen auf die Sprünge helfen. Dass dabei eine F r a u im Spiele ist, das versteht sich von selbst. Der Finger einer Frau zieht stärker als ein Paar Ochsen. Ist sie dazu noch jung und schön wie in unserem Falle, dann ist auch ein Dichter nicht mehr zu halten. Er ist vernarrt in diese Frau: Sie ist verreist, bleibt vier Wochen in einer anderen Stadt, geht fast täglich ins Theater und legt eine kesse Sohle aufs Parkett, sie tanzt für ihr

Leben gern. Vier Wochen muss er sie entbehren, es ist eine harte Zeit für ihn. „Schicke mir mit nächster Gelegenheit Deine letzten, neuen, schon durchgetanzten Schuhe, von denen Du mir schreibst, dass ich nur wieder etwas von Dir habe und an mein Herz drücken kann."

Unser Mann ist kein schwärmerischer Jüngling mehr, er hat die sechzig schon erreicht, und 20 Jahre sind sie bereits ein Paar, doch sein Herz ist jung geblieben. Können Sie da mithalten, mein Herr? Sind wir zu nüchtern, dass wir so etwas nicht vorweisen können, oder haben wir Angst vor unseren Gefühlen, oder sind eben nur Dichter so verrückt?

Sie ist 15 Jahre jünger, das macht ihm Sorge. Er möchte sie nicht wieder verlieren; sie ist für ihn ein unschätzbarer Schatz. „Behalt mich ja lieb!", fleht er sie an. „Denn ich bin manchmal in Gedanken eifersüchtig und stelle mir vor: dass Dir ein andrer besser gefallen könnte, weil ich viele Männer hübscher und angenehmer finde als mich selbst. Das musst Du aber nicht sehen, sondern Du musst mich für den besten halten, weil ich Dich ganz entsetzlich lieb habe und mir außer Dir nichts gefällt. Ich träume oft von Dir, allerlei konfuses Zeug, doch immer, dass wir uns lieb haben. Und dabei mag es bleiben."

Unser Mann hat jedenfalls seine Freude an Spiel und Spaß. Als er mal wieder unterwegs ist, schreibt er ihr: „Du weißt, dass ich Dich herzlich lieb habe. Wärst Du nur jetzt bei mir! Es sind überall große breite Betten, und Du solltest Dich nicht beklagen, wie es manchmal zu Hause geschieht. Ach! Mein Liebchen! Es ist nichts besser, als beisammen zu sein. Wir wollen es uns immer sagen, wenn wir uns wiederhaben."

Aber schöne breite Betten sollte er sich zulegen, wenn er zurückkommt; die Klagen seines Liebchens hören sonst nimmer auf.

Eines Tages musste unser Dichter seinen Freund begleiten und war Monate weit weg von seiner Liebsten. Sie wünscht ihn zurück, weil sie mal wieder „so ein paar Schlampamps-Stündchen" erleben und genießen möchte, das würde sie „recht glücklich" machen. Der Wunsch kehrt in ihren Briefen immer wieder: „Wenn Du nur wiederkömmst, wenn noch schöne Tage sind, dass wir mannichmal im Garten am Hause schlampampsen können, da freue ich mich darauf."

Etwas Schönes, Angenehmes muss es schon sein, dieses Schlampampsen. Unser Dichter freut sich auch unbändig darauf, er schwächt aber das „Ungehörige" ab, mindert das Ganze, er ist eben ein Dichter. Wie bringt er es für die Nachwelt zu Papier? „Liebe mich recht schön und sei versichert, dass ich mich recht ungeduldig nach den Schlender- und Hätschelstündchen sehne." Jetzt ist es heraus, nun wissen Sie Bescheid, worum es geht, aber sicher haben Sie es schon geahnt.

Wenn Sie übrigens diese Schlampamps-Stunden zu eng fassen, dann sind Sie auf dem Holzwege. Breit gefächert sind sie, geben Raum für vieles, zuweilen ging es auch vernünftig zu. Die Eindrücke und Erlebnisse, die sie zum Beispiel vom Theater in Bad Lauchstädt berichten kann, will sie ihm nach der Rückkehr „in den Schlampamps-Stündchen mitteilen."

Und auch unser Dichter steht nicht zurück. „Wird doch nicht immer geküßt, es wird vernünftig gesprochen, überfällt sie der Schlaf, lieg ich und denke mir viel. Oftmals hab' ich auch schon in ihren Armen gedichtet, und des Hexameters Maß leise mit fingernder Hand ihr auf den Rücken gezählt." Müßig sein bringt nichts ein, auch nicht beim Schlampampsen.

Er liebt sie, dieses einfache Mädchen aus dem Volke, sein „kleines Naturwesen", von dem so viel Liebreiz und Natürlichkeit ausging. Sie war alles in einem: Liebchen, Gattin, Hausfrau, Freundin und „Bettschatz", wie sie von der Schwiegermutter genannt wurde. Sie war sein „Erotikon", mit ihr war gut schlampampsen.

Ist inzwischen der Groschen gefallen, mein Herr? Wissen Sie nun, wer dieser Mann ist, ihr „lieber, allerbester einziggeliebter Schatz"? Und wie steht es mit Ihnen, was halten Sie vom Schlampampsen? Können Sie mit unserem Dichter mithalten?

27.000 Tage auf der Welt!

„Sagt es niemand, nur dem Weisen,
weil die Menge gleich verhöhnet ..."

möchte ich mit Goethes „Westöstlichem Divan" ausrufen, weil man mich belächeln oder gar als Sonderling verspotten könnte, wenn ich laut und freudig verkünde: Heute bin ich 27.000 Tage auf der Welt! Denn Geburtstage, die begeht oder feiert man, aber solche runden Zahlenspiele?
Das Ungewohnte und Ungewöhnliche wird schnell belächelt: im Alltag ist das Alltägliche die Norm.

Im Grunde genommen ist es völlig ohne Belang, wie man die Zeit misst und ob man Geburtstage als Einschnitte gelten lässt oder eben Zehntausender. „Die Scheidung zwischen Vergangenheit, Gegenwart und Zukunft hat nur Bedeutung einer – wenn auch hartnäckigen – Illusion." Das hat ein Mann gesagt, der sich auskennt in Raum und Zeit; für seine Relativitätstheorie hat er den Nobelpreis bekommen. Auf einen solchen Mann kann man bauen. Warum messen wir überhaupt die lächerliche Zeitspanne, die einem Menschenleben vergönnt ist, und heben gar solche Minizeiten wie Geburtstage hervor? Weil wir uns und das Leben allzu wichtig nehmen auf der unendlichen Zeitlatte. Was bleibt, ist seine Kürze.

„Unser Leben währet 70 Jahre und wenn's hoch kommt, so sind's 80 und wenn's köstlich gewesen ist, so ist es Mühe und Arbeit gewesen ..." Es stimmt haargenau, was die Schrift sagt: „Es fahret schnell dahin, als flögen wir davon ..."

Mit den Altvordern können wir uns sowieso nicht messen, wir Minimalisten. N o a h, von dem wir alle abstammen, wurde 950 Jahre alt. Der Älteste der Alten, M e t h u s a l a, hatte 969 Jahre auf dem Buckel, als er in die Grube fuhr. In die Grube? Wir wollen nicht voreilig sein: Wohin er gefahren ist, das weiß nur er allein. Sie alle haben viel länger gelebt als wir, gewiss, aber – diese Frage sei gestattet – haben sie mehr vollbracht als wir? Den Bruder erschlagen, das können wir auch.

Ich kann also froh sein, 27.000 Tage erreicht zu haben. Gnade ist es, alt zu werden. Wie viele Freunde sind schon „drüben" angelangt, wo es keine Wiederkehr gibt? Sie haben Lücken gerissen, die niemand zu schließen vermag. Ich vermisse ihr Wort, ihren Zuspruch und auch ihre Kritik. Wahrlich, Endzeit ist es, in der ich angekommen bin. Sind mir die 80 vergönnt, dann bleiben nur noch acht Prozent des Lebens übrig. Viel ist das wahrlich nicht, und doch möchte ich, dass noch 3.000 Tage hinzutreten, damit auch die 30.000 erreicht werden.

Warum so unbescheiden, mein Freund? 1.000 Tage, d.h. 24.000 Stunden, wäre das nicht genug? Was kann da nicht alles werden! Und was kannst du in die Waagschale werfen, dass du auf die 30.000 hinüberschielst, die dir die Parzen noch zuteilen sollen? Was rechtfertigte die Verlängerung?

Eigentlich könnte ich mich doch zur Ruhe setzten, auf dem „Altenteil" dem Treiben der Welt zusehen und die Sonne und das Abendrot genießen, aber der Begriff „Ruhestand" hat für mich keine Gültigkeit. Ruhe und Stillstand sind gegen meine Natur gerichtet. Ich will vorwärtsgehen, täglich etwas N e u e s, Unbekanntes entdecken und erfahren. Wie viel an W e l t l i t e r a t u r wartet noch auf mich, voran die großen Romanciers wie Balzac, Stendhal, Flaubert, Dostojewski, Tolstoi, Fielding, Dickens? Und auch die Epiker des Mittelalters liegen schon bereit mit dem wunderbaren Nibelungenlied; einem Ausgangspunkt für unsere große klassische Dichtung.

Von den R e i s e n ganz zu schweigen. Rom möchte ich unbedingt noch einmal erleben, die Hauptstadt der Welt, Norditalien, eine der lieblichsten Landschaften unseres Erdballs, und in Bologna und Florenz verweilen, die so unermessliche Kunstschätze besitzen.

Auch Frankreich ruft den alten Mann, damit er Volk, Landschaft und Kultur noch besser kennenlerne und damit sein Französisch noch ein bisschen Glanz bekomme. Und mein kleines literarische „W e r k", an dem ich schon Jahrzehnte mit Freude arbeite, soll noch anwachsen, schöpferische Arbeit ist für mich L e b e n im echten Sinne des Wortes. Es geht um mehr als nur um Behagen und Freizeitvergnügen. „Der Unterschied zwischen existieren und leben zeigt sich im Gebrauch der Freizeit", sagt treffend ein amerikanisches Sprichwort.

Viel soll und muss noch werden, um die „Pyramide meines Daseins so hoch wie nur möglich zu spitzen ..."

Es ist so schön, auf der Welt zu sein. Sonne und Mond und die Sterne zu sehen und das Abendrot am Himmel und die Gewitterwolken, die sich am Horizont auftürmen, um dann im Gewitterguss herniederzubrechen. Es ist uns nur einmal gegeben, dieses köstliche Leben; es fahret schnell dahin, als flögen wir davon ...

> „Ich danke Gott und freue mich
> wie's Kind zur Weihnachtsgabe,
> daß ich bin, bin! Und daß ich dich,
> Schön menschlich Antlitz! habe."

Recht hat er, der Matthias Claudius mit seinem Lied, dem er den Titel „Täglich zu singen" gegeben hat. Daran will auch ich mich halten.

Lebensgefühl im Spätherbst

Ansichten und Auffassungen, Einstellungen und Haltungen spiegeln Wissen und Lebenserfahrungen wider und wechseln zwangsläufig mit den Jahren. Ich brauche nur an meine Sperlinge im Garten zu denken. Früher, da ich noch ein Dorfbub war, der ihnen mit dem Luftgewehr nachstellte, waren sie für mich nur freche Spatzen, die nicht einmal singen konnten. Heute schätze und liebe ich sie, die bescheidenen und liebenswerten Gesellen; sie sind Hausgenossen geworden. Wenn ich das Gartentor öffne, schweben sie ein und erwarten ihr Futter. Mit Vergnügen halte ich Brot für sie bereit, sie sollen ihre Sprösslinge im Nest ohne großen Aufwand versorgen können. Sie wissen nichts von der neuen Weltsicht ihres Gönners, spüren aber, dass er sie mag.

Weise macht das Alter nicht, nur wissender, nachsichtiger, toleranter, menschlicher. Menschen und Dinge bekommen ein neues Maß. Frühling ist nicht nur eine Jahreszeit, wo alles sprießt und blüht, er ist ein Stück Auferstehung und gibt Hoffnung für das eigene Leben; Gewitterwolken, die am Himmel heraufziehen, werden zu einem emotionalen und ästhetischen Ereignis. Der schönen liebenswürdigen Frau, der man begegnet, wünscht man einen Partner, der alle ihre Erwartungen erfüllt an Liebe und Leben; der alten einsamen Frau möchte man die Mühen und Sorgen abnehmen, die sie belasten. Mitgefühl, Milde und Nachsicht mit allem, was lebt, sind fest in der Seele verankert ...

Das eigene Ich gerät auf den Prüfstand. Längst schon ist es nicht mehr Mittelpunkt des Wollens und Fühlens. Die Sicht wird freier und weiter, wenn man im Abendlicht und nicht mehr im Zenit des Lebens steht; sie versucht, das All zu umfassen.

Kritische Distanz gibt den Ton an über das, was man ist und was man erreicht hat. Man kennt die eigenen Schwächen und Fehler. Ein alter Pelz ist selten ohne Läuse.
Man steckt die Schwächen nicht weg, man weiß, dass auch sie die Persönlichkeit bilden. Den Wünschen hat man Maß und Grenzen gesetzt, Behagen und Glück stellen sich ein.

> „Das Glück, kein Reiter wird's erjagen
> Es ist nicht dort, es ist nicht hier;
> Lern überwinden, lern entsagen
> Und ungeahnt erblüht es dir."

Alles ist abgefallen, was nicht zu unserem Wesen gehört. Eine herrliche Stufe ist erreicht, die in jungen Jahren unmöglich schien: Man hat zu sich selbst gefunden. Was auch geschieht: Nun kann uns nichts mehr passieren. Wir sind gefeit gegen alles, was kommen mag.

Man kennt seinen Wert. Alte Ochsen ziehen grade Furchen. Nichts kann uns mehr beirren oder täuschen. Wir ziehen unsere Bahn, ohne Illusionen und ohne Furcht. Wir verlassen den Weg nicht, der sich bewährt hat, mag man uns auch eigensinnig nennen oder gar störrisch. Man muss uns so nehmen, wie wir sind. Niemand vermag uns zu ändern. Vergeblich ist es, alte Bäume zu biegen. Unwandelbar ist der Charakter des Menschen, er ist sein Schicksal. Wir geben uns keinen Täuschungen mehr hin. Die Zukunft ist nicht mehr mit sieben Siegeln verschlossen, sie ist uns bekannt, auch das Ende, nur nicht Stunde und Umstände, wann die Parzen den Faden zerreißen. Das hat seinen Preis: Sie hat ihren Zauber verloren. Dennoch, man ist neugierig auf den neuen Tag, er hält manche Überraschung bereit. Das Glück geht nicht vorbei, wenn die Türen offen sind.
Man gönnt jedem seine Freude und seinen Reichtum. Man kennt die Geschichte vom Nadelöhr und dem Kamel. Zufriedenheit ist

nicht käuflich, und Neid ist für den ein Fremdwort, der nicht nach materiellen Gütern jagt. Wer wenig hat, kann wenig missen. Geiz und Gier sind schlechte Ratgeber. Es ist aber schon dafür gesorgt, dass die Bäume nicht in den Himmel wachsen. Jeder hat mit sich selbst zu tun und hat genug vor der eigenen Tür zu kehren.

Ein bisschen ehrfürchtig schaut man uns an, weiße Haare schaffen Ansehen, Würde, aber wir lassen uns nicht täuschen: Wir sind geblieben, was wir immer waren: unwissende und unvollkommene Menschenkinder. Die weißen Haare sind Tarnkappe, welche die Defekte verdecken, und vor Torheiten schützt auch das Alter nicht. Ein 74-Jähriger freit um die junge Ulrike. Doch Torheiten können auch eine Quelle des Glücks sein. Wer nichts versucht, der kann nicht scheitern. Wer die Türen verschließt, zu dem kann das Glück nicht kommen.

Ruhig und schön fließt das Leben dahin, ohne Pflichten und ohne Verantwortung. Nichts kann mehr Unrast bringen ins Leben. Wir sind Herr über uns selbst. Wir wissen die Tage zu schätzen, die uns noch bleiben. Leben ist Gnade, unendliche Gnade. Aber auch Einsamkeit. Jeder lebt und stirbt für sich allein. Theodor Fontane, eine der liebenswertesten Gestalten der deutschen Literatur, hat es auf den „Punkt" gebracht:

Ausgang

„Immer enger, leise, leise
Ziehen sich die Lebenskreise,
Schwindet hin, was prahlt und prunkt,
Schwindet Hoffen, Hassen, Lieben,
Und ist nichts in Sicht geblieben
Als der letzte dunkle Punkt."

Lichtjahrspäße

Ach, Sie interessieren sich gar nicht für Astronomie? Lichtjahre sind Ihnen gleichgültig? Es genügt Ihnen, sich am Sternenhimmel zu erfreuen? 2.000 Sterne kann man mit bloßem Auge sehen, das gibt ein herrliches Schauspiel. Was haben wir im kalten Weltraum zu suchen? Die Wissenschaft sollte dazu dienen, das Leben hier auf der Erde angenehmer, menschlicher zu machen. Diese Entfernungen in Lichtjahren übersteigen sowieso unsere Vorstellungskraft. Da muss ich Ihnen allerdings recht geben. In einer Sekunde legt das Licht rund 300.000 km zurück; das ist die Entfernung Erde–Mond, das kann man sich vorstellen, aber wenn man die durchlaufene Strecke auf ein Jahr umsetzt, sind das nach Adam Riese 10.000 Milliarden km, also zehn Billionen km, da setzt die Vorstellungskraft aus, der Verstand ist aufgerufen, aber auch er kann diese Weite nicht fassen.

Also Hut ab vor den Astronomen, die ihren Verstand aufs Spiel setzen! Sie richten ihre Riesenteleskope aufs Weltall und müssen Geduld haben, unendliche Geduld, denn im Weltall wird die Zeit in Jahrmillionen gemessen. Sie sind moderne Abenteurer, die oft nicht wissen, was herauskommt bei ihrer Arbeit, aber sie können sich oft an sensationellen Entdeckungen erfreuen.

Den Astrophysikern der Universität Jena erging es im Juni 2005 so. Als sie ihre Teleskope auf den Riesenstern „G Q L u p i A" richteten, entdeckten sie einen bisher unbekannten Planeten von ungeheuren Ausmaßen, der um den Mutterstern kreist. Nach ihren Berechnungen hat er eine Masse, welche die ein- bis zweifache des Jupiters beträgt. Schon das war sensationell, aber auch die Umlaufbahngröße verblüffte die Astronomen: Er bewegt sich in einer Entfernung, die 100 Mal größer ist als die zwischen Erde und

Sonne, das sind also etwa 15 Milliarden km. Es verschlägt einem den Atem. Geht es Ihnen auch so? Die Entdeckung war wirklich spektakulär. Hut ab vor den Jensern!

Dabei habe ich Ihnen noch gar nicht verraten, wie weit draußen im Weltraum sich Stern und Planet befinden, damit Sie ordentlich ins Staunen kommen: Stern und Planet befinden sich 400 Lichtjahre von uns entfernt. Ich will das noch mal für Sie ins Deutsche übersetzen: Das Licht braucht von dort 400 Jahre.
Es gibt eben bereits im Bereich unserer Milchstraße Dinge, von denen die Schulweisheit nicht einmal zu träumen wagt.

In 400 Lichtjahren – in 4.000 Billionen km – in dieser unermesslichen Weite wird ein Planet entdeckt, der 100 Mal größer ist als die Entfernung Erde–Sonne. Man kann nur eins: staunen. Geht es Ihnen auch so? Dabei sind wir noch innerhalb der Milchstraße, unserer erweiterten Heimat. Und so was wollten Sie sich entgehen lassen? Selbst das Staunen ist doch schön, es gehört zum Leben wie das Lachen. Sie haben zu viel Respekt vor den Lichtjahren.

Wollen Sie mit mir noch ein bisschen weiter in den Weltraum vordringen? 400 Lichtjahre – das ist doch keine echte Entfernung, zumindest nicht für die Astronomen. Machen wir uns also zunächst zum Sternbild des O r i o n auf. Mit bloßem Auge kann man es sehen. Sie haben es sicher auch schon bewundert.

Im Jahre 2006 haben die NASA-Astronomen ein wunderbares Foto gemacht, eine Farbaufnahme natürlich, ein fantastisches Bild, das aussieht wie ein modernes abstraktes Gemälde, an dem man sogar seine Freude haben kann. Es zeigt rote Büschel kohlenstoffhaltiger Staubwolken und grüne Wirbel aus Wasserstoff und Schwefelgas. Das Zentrum des Nebels wird überstrahlt von vier gigantischen

Sternen, die jeweils 100.000 Mal heller leuchten als unsere Sonne. Man darf es ruhig noch einmal wiederholen: 100.000 Mal heller als die Sonne! Tausend junge, neu entstandene und bisher unbekannte Sonnen wurden aufgespürt, in Staub- oder Gaswolken eingehüllt. Der Orionnebel ist ein perfektes Laboratorium, wo man die Entstehung von Sternen beobachten kann. Und wie weit ist diese nächste Sternenfabrik von uns entfernt? 1.500 Lichtjahre! Astronomie ist atemberaubend. Ich habe Ihnen nicht zu viel versprochen.

Sie haben den Respekt vor den Lichtjahren abgelegt und sind nicht abgeneigt, noch mehr Wunder kennenzulernen? Nichts ist leichter als das. Die Astronomen können mit Dutzenden Wundern aufwarten. Steuern wir deshalb als Nächstes gleich 7.000 Lichtjahre an und richten wir das Weltraumteleskop „Hubble", das auch die Aufnahmen des Orion gemacht hat, dort auf den A d l e r - N e b e l.

Die Astrophysiker erlebten am 1. April (!) 1995 eine kleine Sensation: Es gelangen dramatische Aufnahmen von 50 „neugeborenen" Sternen in einer säulenförmigen Hülle aus Wassergas. Zum ersten Male in der Geschichte der Astronomie lief der Prozess der Sternenbildung direkt vor den Augen der Wissenschaftler ab. (Sterne entstehen in Gaswolken, die so schwer sind, dass sie unter dem Einfluss ihrer eigenen Anziehungskraft zusammenbrechen.) In einer Entfernung von 7.000 Lichtjahren wird die Geburt von Sternen dokumentiert! Ist das nicht fantastisch? Und Sie wollten mit Lichtjahren nichts zu tun haben!

Wissen Sie übrigens, wie kalt es im kältesten Ort des Weltraums ist? Das Hubble-Weltraumteleskop hat ihn im Bumerang-Nebel im Sternbild Zentaur im Jahre 2003 dokumentiert: Dort ist es mit minus 272 Grad Celsius nur etwa ein Grad wärmer als der absolute Nullpunkt (−273,15). Der Bumerang-Nebel besteht aus der abgestoßenen Gashülle eines sterbenden Sterns. Ach so, ich hätte fast vergessen, wie weit er im Weltraum liegt: rund 5.000 Lichtjahre von uns entfernt.

Sie sind nun an Entfernungen gewöhnt, wenn sie auch nur innerhalb unserer Milchstraße liegen. Ein Katzensprung eigentlich ist es bis dahin, bis zum Zentrum sind es ja „nur" 25.000 Lichtjahre. Das ist, verglichen mit anderen Galaxien, wirklich nicht weit. Unsere Milchstraße ist eben nur ein größeres Staubkorn im Weltall.

Verlassen wir also unsere eigentliche „Heimat" und wagen wir uns ganz weit ins All hinaus, um mit einer Riesensonne Bekanntschaft zu machen: Im Tarantelnebel der Großen Magellanschen Wolke, in sage und schreibe 150.000 Lichtjahren Entfernung, hat man diesen Licht- und Hitzeball entdeckt. Er hat die Bezeichnung „R136 a" bekommen – falls Sie ihn einmal besuchen wollen. Er leuchtet 100 Millionen Mal heller als unsere Sonne! Nach Berechnungen hat er mehr als 1.000 Sonnenmassen und ist auch zehnmal heißer als unsere Sonne. Er stellt alles auf den Kopf und wirft auch alle theoretischen Berechnungen über den Haufen, denn bisher hat man angenommen, dass Himmelskörper mit mehr als 100 Sonnenmassen auseinanderbrechen müssten.

Die Weltraumforschung zwingt uns alle zum Umdenken. Das gilt auch für Sie, es bleibt Ihnen nichts anderes übrig, Sie müssen sich an neue Maßstäbe gewöhnen, in neuen Kategorien denken und unser kleines Erdenleben, so schön es auch ist, in einem anderen Lichte sehen.

Auch 150.000 Lichtjahre wollen wir nun hinter uns lassen und in die eigentlichen kosmischen Räume vordringen und einen Sprung zu 70 Millionen (!) Lichtjahren vornehmen. In dieser Entfernung nämlich wurde im Jahre 2000 eine bisher unbekannte Galaxie entdeckt, die mindestens zweimal so groß wie unsere Milchstraße ist und aus vier Billionen (!) Sonnen besteht. Bei solchen Zahlen muss man erst einmal durchatmen.

Der Mensch entdeckt eine Galaxie mit vier Billionen Sonnen in 70 Millionen Lichtjahren Entfernung! Unser Vorstellungsvermögen versagt völlig, nur das eine ist sicher: Großes vermag der Mensch, fast zu Wundern ist er fähig. Und das wollten Sie sich entgehen lassen?

Das unendliche Weltall ist voller Galaxien. Tausende sind es bestimmt, aber es gibt Milliarden davon. Zahl und Ausdehnungen überschreiten alle menschlichen Maßstäbe. Galaxien sind die Paradestücke der Astronomen ... Da ist zum Beispiel die Galaxie „M a r k a r i a 3 4 8", sie ist eine der größten im Weltall. 300 Millionen Lichtjahre entfernt, hat sie eine Ausdehnung von 1,3 Millionen Lichtjahren. d. h., sie ist zehn Mal größer als unsere Milchstraße.

Da muss man den A n d r o m e d a n e b e l nennen. Es ist die am nächsten gelegene Spiralgalaxie. Mit bloßem Auge ist sie als verschwommener Fleck zu sehen, 2,2 Millionen Lichtjahre ist sie entfernt. Sie hat einen Durchmesser von 163.000 Lichtjahren und enthält 300 Milliarden (!) Sterne.

Der größte Galaxienhaufen – man hat ihn erst 1989 entdeckt –, das ist die „G r o ß e M a u e r". Sie hat eine Ausdehnung von 500 Millionen(!) Lichtjahren, es ist wahrhaftig eine gigantische zusammenhängende Massenkonzentration. Bei solchen Zahlen setzt der Verstand aus.

Man kann sich höchstens darüber wundern, wie es den Astronomen gelingen konnte, in einer solchen Entfernung ein solches Weltraumungeheuer zu entdecken und in Zahlen zu fixieren ...

Der „Rekordhalter" unter den Galaxien wurde auch 1989 entdeckt und bekam die Bezeichnung „0140 + 326 RD1". Er ist weiter entfernt von der Erde als jedes bisher „aufgespürte" Objekt im Universum.
Er ist kleiner als unsere Milchstraße und ist „missgeformt", sehe nicht wie die Ansammlung von Sternenhaufen aus. „Ein jämmerlicher Haufen im Vergleich zur Milchstraße", scherzte einer seiner Entdecker, „aber trotzdem eine riesige Entdeckung." Denn der „jämmerliche Haufen" ist – ich wage es fast nicht auszusprechen – zwölf Milliarden (!) Lichtjahre von uns entfernt.

Wollen wir die Himmelspforte schließen? Sonst dringen wir noch bis zum Himmel und zur Hölle vor, und am Ende geht's uns wie dem Schüler im FAUST: uns wird's schwindlig, uns wird's dumm, als ginge uns ein Mühlrad im Kopfe herum.

Aber ums Weltall können wir uns nicht drücken. Wir müssen es erforschen, die unendlichen Weiten bezwingen. Dabei geht es nicht nur um Erkenntnis und Wissen: Es geht vor allem um uns selbst. Der Mensch ist ein Teil des Universums und muss seinen Platz in der Welt bestimmen.

Wie soll der Mensch ohne Weltall zu sich selbst finden und zu einem gesicherten Weltbild gelangen? Das Universum ist keine Macht, die ihm feindlich gegenübersteht, es ist sein Bundesgenosse. Und der Mensch ist kein „Erdenwurm", der „Staub fressen soll, und das mit Lust": Er ist das größte Wunder der Schöpfung.

Das Universum findet unsere Bewunderung, aber in demselben Maße kann man das bestaunen, was der menschliche Geist hervorgebracht hat. Seine Größe und Erhabenheit hat Immanuel Kant in den wunderbaren Satz gefasst: „Zwei Dinge erfüllen das Gemüt mit immer neuer und zunehmender Ehrfurcht, je öfter und anhaltender sich das Nachdenken damit beschäftigt: Der gestirnte Himmel über mir und das moralische Gesetz in mir."

Welcher Stolz, welches Selbstwertgefühl spricht aus diesen Worten! Kant gibt uns Selbstvertrauen und Mut, zu erforschen, „was die Welt im Innersten zusammenhält", und nicht nachzulassen in unserem Bemühen, die Erde wohnlicher zu machen.

Konzertbesuch

Der Besucherstrom trägt mich zum Gewandhaus hin. Freude steht in allen Gesichtern, auch eine gewisse Feierlichkeit. Musik hebt den Alltag auf. „Musik ist höhere Offenbarung als alle Weisheit und Philosophie."

Am Eingang kniet ein junger Mann, hält die Hand ausgestreckt, bittet um Almosen. Ist er arbeitslos, drogenabhängig? Bedürftig auf jeden Fall. Wer eine solche Demütigung auf sich nimmt, der steht am Rande des Lebens, der muss im Abseits stehen. Die Konzertbesucher sehen es in ihrer festlichen Stimmung anders. Sie empfinden sein Betteln vor dem Konzerthaus als Provokation. Keiner greift in die Tasche, seine Hand bleibt leer.

Schuberts „Unvollendete" wird gegeben, es ist auch eine Art „Schicksalssinfonie". Wie viel Kummer und Leid muss durch „das Franzerl" hindurchgegangen sein! Immer wieder Anläufe, den Schmerz und die Einsamkeit zu durchbrechen, aber ständig fällt die Musik in Trauer und Resignation zurück. Ich schließe die Augen, lasse Verzicht und Entsagung in mich ein. Eine ausgestreckte Hand schiebt sich vor mein Gesicht. Warum war ich verschlossen wie alle anderen, warum habe ich dem jungen Mann nichts gegeben? Ein Straßenmusikant bekommt immer etwas von mir, er macht das Leben reicher, ein Bettler hält nur die Hand auf und entwertet Atmosphäre und Konzert. „Ihr leistet euch Luxus, mir fehlt es an allem." Du irrst dich, Musik ist alles andere als Luxus, sie ist Lebenshilfe, gibt uns Kraft und Mut, das Leben zu bestehen.

Nach der Pause steht die „Zehnte" von Schostakowitsch auf dem Programm. Posaunen und Hörner schlagen auf mich ein, nehmen mir Atem und Besinnung, Trommelwirbel schiebt sich dazwischen

– geht es jetzt zur Exekution? Der Komponist rechnet mit der Stalinzeit ab, die Zeit voll Angst und Schrecken. Nicht leicht ist der Zugang zu dieser Musik, sie hebt vertraute Hörgewohnheiten auf. Verzagt blättert meine Nachbarin im Programm. Lesen will sie, was für das Ohr gedacht ist.

Die Soloflöte verliert sich in Trauer und Einsamkeit. Neben der Flötistin möchte ich sitzen, die Noten verfolgen, ihre Hingabe erleben; meine Unsicherheit könnte vielleicht weichen, das Verständnis für diese fremde Klangwelt würde wachsen.

Gehen mich Terror und Schrecken wirklich nichts an? Der Nahost steht in Flammen, im Libanon erleben die Menschen die Hölle, Hunderttausende sind auf der Flucht. Sinnlose Gewalt führt zu sinnloser Zerstörung. „Auge um Auge", das alte Muster, führt zu immer mehr Blindheit und Hass. Wann bloß werden Gewalt und Armut einmal enden?

Die Nachbarin hat es aufgegeben, im Programm zu lesen. Musik ist Hören, nicht Lesen; das wird auch sie noch begreifen. Wo die Sprache aufhört, beginnt die Musik. Die Streicher wehren sich gegen die Schrecken, das Fagott und die Flöten fallen ein, die Trauer wird zurückgenommen, versinkt in einem erlösenden Gesang.

Ein Hoffnungsschimmer zeichnet sich ab, ewig können Gewalt und Barbarei nicht dauern, ein menschenwürdiges Leben überall in der Welt darf kein Traum bleiben.

Nach dem Konzert suche ich den Eingang ab und die Umgebung, es ist aber zwecklos. Der junge Mann ist verschwunden.

Im Alter

Im Alter geht die Sonne auf. Sie werden es erleben, wenn es so weit ist und Sie ruhig und gelassen dem Treiben der Welt zusehen können.

Alles ist vorbei, was uns vordem geplagt und gepeinigt hat. Wir bekommen keine Zensuren mehr. Wir müssen keine Prüfungen mehr ablegen. Wir müssen nicht mehr „hinaus ins feindliche Leben, nicht mehr wetten und wagen, das Glück zu erjagen." Der Chef kann uns nicht mehr anpfeifen. Es gibt keinen Liebeskummer mehr. Die Leidenschaften ruhen und verwirren nicht mehr Kopf und Gemüt. Man hat keine Illusionen mehr. Man hat den Maskenball des Lebens durchschaut. Man kennt seine Möglichkeiten und seine Grenzen. Man muss nicht mehr Soldat werden und befürchten, den „Heldentod" zu sterben. Man kann seinen eigenen Vorstellungen gemäß leben. Herrlich ist das, wunderbar! Sie werden es erleben!

Aber dann sind Spiel und Tanz vorbei, man ist in der Endzeit angekommen! Freilich, aber gab es bei den großen und kleinen Freuden nicht auch immer nur Ärger? Wie oft haben wir gespielt und gekämpft wie die Götter und dennoch haushoch verloren? Und das schöne Mädchen, das man zum Tanz holen wollte und das eine Frau fürs Leben war, hat ein alter Esel vor der Nase entführt. Das alles soll man noch einmal durchmachen? Nein danke, einmal genügt.

Es geht im Alter mitunter nicht so recht vorwärts? Das ist der Lauf der Welt. Alte Pferde haben steife Beine. Die Abendsonne wirft lange Schatten. Alte Häuser haben trübe Fenster. Genügsamkeit ist angesagt und Bescheidenheit. Von lieb gewordenen Gewohnheiten und von manchen Freuden muss man sich schon trennen. Goethe, hochbetagt, gibt uns das Rezept: „Ich suche mit Mäßigung und

Gleichheit über die Verschränkungen und Beschränkungen hinauszukommen, die mich seit Monaten umfassen und festhalten." Man solle das Kunststück fertigbringen, meint er, „als entbehrlich anzusehen, was die Jahre uns nehmen, dagegen aber hoch und höher zu schätzen, was sie uns lassen". Auch im Alter lässt der liebe Gott keinen ganz leer ausgehen. Und wenn's gar nicht recht vorangehen will: ein guter Tropfen wirkt Wunder. Ein guter Trunk macht Alte wieder jung.

Freilich, im Alter neigt man zur Bequemlichkeit. Alte Katzen liegen gern am Ofen. „Nach Ägypten wär's nicht so weit. Aber bis man zum Südbahnhof kommt." (Karl Kraus) Leicht geraten die Lebensgeister ins Stocken. Manchmal müssen sie durch etwas Verrücktes wachgerüttelt werden – meint mein Freund drüben in Weimar. Es war 1823, da teilt ihm seine Schwiegertochter Ottilie mit, dass sie nach Berlin fahren wolle, um ihre Mutter zu treffen – ihre Mutter, die schon im Begriff war, nach Weimar zu kommen, die Reise war völlig überflüssig. Was sagte der MEISTER dazu? „Diese Winterreise ist viel Mühe um nichts, aber ein solches Nichts ist der Jugend unendlich viel. Ich bin zu alt, um ihr zu widersprechen und ihr begreiflich zu machen, dass die Freude, ihre Mutter dort oder hier wiederzusehen, ganz dieselbe sein würde." Und was setzt der 74-Jährige hinzu? „Und im Ganzen, was tut's! Man muss oft etwas Tolles unternehmen, nur um wieder eine Zeitlang leben zu können."

Nicht wahr, das hätten Sie von einem „Klassiker", der den „Egmont", die „Iphigenie" und den „Faust" geschrieben hat, nicht erwartet? Er hat das auch für Sie gesagt, damit Sie auch mal zu etwas Unerhörtem aufbrechen. Es wird höchste Zeit! Sie beginnen doch schon, Fett anzusetzen! Und so alt sind Sie wirklich noch nicht. Halten Sie es mit den Franzosen. Auch wenn sie die 70 überschritten haben, sprechen Sie immer noch davon, dass Sie im „âge à la fleur" stehen.

Und die Jahrhundertstürme, die über uns hinweggefegt sind, haben uns doch gestählt, niemand kann uns etwas vormachen; die modernen Grünschnäbel sowieso nicht, und es ist allemal besser, zum alten Eisen zu gehören als zum modernen Blech.

Brechen Sie also zu etwas Unerhörtem auf „Zu neuen Ufern lockt ein neuer Tag." Marienbad muss es nicht sein. Dorthin brach der 74-jährige Goethe auf. Das Unerhörte, das war eine 19-jährige Schöne, eine tiefe Leidenschaft für diese Jugendblüte hatte sich seiner bemächtigt. „Ach! Könnt ich doch auf Bergeshöhn / In deinem lieben Lichte gehen / Von allem Wissensqualm entladen / In deinem Tau gesund mich baden!" Verzeihen Sie mir, im Eifer bin ich in die falsche Zeile geraten.

Also, Marienbad muss es nicht sein. Dort wartet ja auch keine Ulrike von Levetzow auf Sie, und eine „Marienbader Elegie", das Produkt dieser Romanze, bringen Sie sowieso nicht zustande, aber die alten deutschen Städte, wieder entstanden aus Ruinen, warten auf Ihren Besuch, das ehrwürdige Nürnberg zum Beispiel oder das barocke Würzburg. Kennen Sie Görlitz, eine Perle im Osten? Waren Sie schon einmal im schönen alten Annaberg, der anheimelnden Bergbaustadt? Machen Sie eine Rundfahrt und erkunden Sie, wo die schönsten Rathäuser Deutschlands stehen. Das Album, das Sie dazu anlegen, wird alle entzücken und anspornen, Ähnliches zu machen.

> „Mein Erbteil wie herrlich, weit und breit!
> Die Zeit ist mein Besitz, mein Acker ist die Zeit."
> *(Goethe, „West-östlicher Divan")*

Wahrlich, Zeit haben Sie genug, viel Zeit, und was alles könnte auf Ihrem Acker wachsen und blühen! Ich sehe ihn schon vor mir, den unendlichen Blumenteppich der Weltliteratur! Kein Land und keine Periode ist ausgelassen, alle Nationen haben sich ein Stelldichein gegeben ...

Wie, Sie haben die 70 überschritten, wähnen sich in der „Endzeit" Ihres Lebens und fühlen sich zu alt für solche Projekte? Das übersteige wahrlich Ihre Kräfte?

Ich kenne diese Klagen, von unserem Theodor Fontane habe ich sie vernommen. „Die Alten sterben weg, und für die junge Welt ist man eine Ruine, zu der bei gutem Wetter eine Partie gemacht wird", jammert der alte Fontane. „Dabei darf man nicht einmal ausspannen, um nicht den Eindruck eines alten Herrn zu machen ... So auf der Straße oder im Tiergarten geht es noch, aber zu Hause sitzt man klapprig wie der alte Faust und sieht die untergehende Sonne."

Das schreibt er 1890, er ist 70 Jahre alt, belastbar und elastisch ist man in diesem Alter nicht mehr; aber aufgeben, sich „zur Ruhe setzen" und die Hände in den Schoß legen, nein, das kann und will Fontane nicht. Er will sich verwirklichen, will Gültiges an Literatur hinterlassen. Was er bisher geschrieben hat, das war fast nur Mittelmaß, das genügt ihm nicht, dafür hat er sich nicht zehn Jahre zuvor für den mühseligen Weg eines freien Schriftstellers entschieden. Mit Mut und Selbstvertrauen geht er ans Werk ...

1892 legt er seinen ersten gelungenen Roman vor, „Frau Jenny Treibel"; fünf Jahre später folgt „Effi Briest", die Krone seines Schaffens. „Mathilde Möhring" kann er noch vollenden und im Todesjahr 1898 erscheint „Der Stechlin", ein philosophisches Bekenntniswerk.

Erstaunlich, was so ein „klappriger Faust" in den letzten zehn Jahren seines Lebens noch so zustande bringen kann, nicht wahr? Und da wollen Sie aufgeben, schieben das „Alter" vor? Ich habe es gewusst, Sie bedurften meiner Ermunterung gar nicht und haben schon mit den ersten Notizen zu Ihrem Essay „Aus meinem Leben: Dichtung und Wahrheit" begonnen. Es ist eine bleibende Botschaft. Ihre Enkel und Urenkel werden ihre Freude daran haben. Wer schreibt, der bleibt.

„Lasst uns Gutes tun ..."

„Edel sei der Mensch,
hilfreich und gut!
Denn das allein
unterscheidet ihn
von allen Wesen,
die wir kennen."

Leicht gehen Goethes Verse über die Lippen, sie sind Allgemeingut geworden, gehören zum klassischen Zitatenschatz. Man spricht sie aus, ohne zu denken, ohne darin eine Verpflichtung zum eigenen Tun zu sehen.

Können wir Goethes Forderung eigentlich erfüllen? „Edel" ist vom Substantiv „Adel" abgeleitet. Können wir also wirklich „edel" sein? Zumindest sind – folgt man dem Wörterbuch – „vortreffliche geistige und seelische Eigenschaften" aufgerufen. Mir scheint, nicht jeder verfügt über sie, und nicht jeder kann sie umsetzen und die Forderung erfüllen.

Aber „hilfreich und gut" zu sein, das dürfte nicht allzu schwer sein. „Lasst uns Gutes tun an jedermann und nicht müde werden", heißt es im Brief des Paulus an die Galater. „Einer trage des anderen Last." Paulus ruft zur Nächstenliebe auf, wie sie schon Moses gelehrt hat, denn alle Gesetze werden in e i n e m Wort erfüllt, nämlich in dem: „Liebe deinen Nächsten wie dich selbst." Es strahlt auch auf den zurück, der Gutes tut. „Denn was der Mensch sät, das wird er ernten."

Es sind die Namen von Frauen, die uns zuerst in den Sinn kommen. Mutter Theresa und Prinzessin Diana, die Königin der Herzen, aus unserer Zeit; die Milde und Barmherzigkeit der Landgräfin Elisabeth aus dem 13. Jahrhundert. Für sie hält der Volksmund eine der schönsten Wartburg-Sagen bereit: die Sage vom „Rosenwunder". Als Elisabeth mal wieder mit einem Korb Speisen für Arme und Kranke im Spital am Fuße der Wartburg unterwegs ist und sie von ihrem Gatten, dem Landgrafen Ludwig IV., überrascht und befragt wird, was im Korbe sei, antwortet sie aus Furcht vor dem gestrengen Herrn, es seien R o s e n, worauf sich die Speisen in Blumen und diese anschließend wieder zurückverwandeln. „Unser Nächster ist jeder Mensch", wird drei Jahrhunderte später Martin Luther schreiben, „besonders der, der unsere Hilfe braucht." Elisabeth hat danach gehandelt.

Wer kann gleichgültig sein, wenn der Nachbar in Not gerät und unseren Beistand braucht?

Wer kann abseits stehen und seine Hilfe versagen, wenn 2001 die „Jahrhundertflut" Dörfer und Städte überschwemmt und den Menschen alles nimmt, was sie sich im Leben erarbeitet haben, und ihnen nur die nackte Existenz lässt? Die Hilfe für die Menschen in Not, die damals einsetzte, war beispiellos in der Geschichte.

Ein ungewöhnliches Beispiel habe ich Ende der Achtzigerjahre erlebt, also mitten in der „DDR-Zeit". Es hat mich tief beeindruckt.

Sitze ich doch damals eine halbe Stunde vor der Frauenklinik zu Leipzig, um mich zu sonnen und auszuruhen; stundenlang hatte ich in der Deutschen Bücherei zugebracht. Kommt ein Taxi, hält an, der Fahrer hilft einer Frau um die 70 auszusteigen, sie ist behindert, braucht zwei Krückstöcke zum Laufen. Sie kommt an meine Bank und fragt mich, ob heute erst um 14 Uhr Besuchszeit sei. Ich kann ihr keine Auskunft geben, zeige aber auf die wartende Menge.

„Sicher ist erst um 14 Uhr Einlass." Wir sitzen einige Zeit nebeneinander, ohne miteinander zu sprechen. Ich wundere mich, bin neugierig, wen sie in der Klinik besuchen will, und frage sie: „Sie wollen wohl Ihre Tochter besuchen?" „Nein", antwortet sie mir, „eine Frau, die ich eigentlich gar nicht richtig kenne. Sie wohnt mit meiner Schwester in einem Zimmer im christlichen Pflegeheim in Grimma. Da kommt man so manchmal ins Gespräch. Sie hat keine Verwandten, von denen sie besucht werden kann. Da komme eben ich mittwochs und sonntags immer hierher gefahren." „Immer mit dem Taxi?" „Natürlich, mit dem Zug und dann mit der Straßenbahn kann ich wegen meiner Behinderung nicht fahren. Es ist aber oft sehr schwierig, ein Taxi zu bekommen. Aber die Frau hat eine Totaloperation hinter sich und liegt schon fünf Wochen hier. Da muss doch jemand kommen. Sie freut sich doch so sehr darüber."
„Wie alt ist denn die Frau?" „Ich weiß es nicht so genau, ich schätze, Anfang siebzig." „In diesem Alter hat sie eine solche Operation hinter sich gebracht? Das ist ungewöhnlich!" „Das ist noch nicht alles. Sie ist vollkommen blind. Sie weiß also gar nicht, wer ich bin, erkennt mich nur an der Stimme." „Ist es für sie nicht schwierig, sich im Pflegeheim zurechtzufinden?" „Sie lebt dort schon 30 Jahre, ist dort blind geworden. Sie kennt alle Zimmer und Gänge und hilft deshalb sogar anderen Frauen, die das Bett nicht verlassen können; informiert die Schwestern, wenn's sein muss, über Notlagen und hilft, wo sie kann. Sie hat großes Ansehen im Heim und ist ein guter Mensch. Da kann man nicht anders, da muss man auch gut sein."

Die Frau erinnerte mich an die Kathrin in der Erzählung von Ludwig Anzengruber. Sie wird „fromme Kathrin" gerufen und kann gar nicht so recht verstehen, warum man sie fromm nennt. Sie habe doch nur Selbstverständliches getan: ihrer Schwester beigestanden, als sie der Vater mit dem Beil erschlagen wollte. Mit ihrem eigenen Leib hat sie die Schwester geschützt und sie so vor Schaden oder gar dem Tode bewahrt.

Ohne zu zögern, warf sie sich dem wütenden Vater entgegen, auch wenn sie dadurch selbst verstümmelt und für ihr ganzes Leben gezeichnet wurde.

Kennen Sie Anzengrubers Erzählung „Die fromme Kathrin"? Nein? Dann sollten Sie sie unbedingt zur Hand nehmen. „Fromm sein können wir alle, auch der Ungläubige kann fromm sein", meint die Kathrin. „Gut sein, das ist fromm sein", setzt sie hinzu. Ja, in diesem Sinne können wir alle fromm sein und „Gutes tun an jedermann ..."

„Mein Bündel ist geschnürt ..."

Von ihm will man nichts wissen, ihm geht man am liebsten aus dem Weg, man schiebt ihn weit von sich, ist er doch ein unheimlicher Geselle. Er holt einen ab, ohne zu fragen, ob es einem genehm ist, und man weiß nicht, wohin der Weg geht. Wie soll man ihm da vertrauen und ihn willkommen heißen? Nicht nur Scheu stellen sich ein und Beklemmung, sondern auch Angst und Furcht. Man möchte ihm ausweichen, ihm die kalte Schulter zeigen, doch er lässt sich nicht abschütteln, wir entgehen ihm nicht. Mit Sicherheit klopft er eines Tages an die Tür, die Stunde nur ist ungewiss.

Wegsehen ist zwecklos, bringt aber Aufschub, beruhigt das Gemüt, erhält uns das Gleichgewicht. Es war Goethes Prinzip, besonders im Alter. Alle gehen sie vor ihm hin, Schiller, Herder, Wieland, Anna Amalia, Charlotte von Stein, der herzogliche Freund Carl August, Herzogin Luise und die vielen anderen.

An keiner Trauerfeier nimmt er teil, bei keiner Beerdigung lässt er sich sehen; er sperrt ihn aus, diesen unheimlichen Gesellen und gibt ihm keine Chance, in sein tätiges Leben einzugreifen und ihm den hellen Tag zu vergällen.

Aber verscheuchen lässt er sich nicht, er ist der Allmächtige. Jedem misst er eine bestimmte Zeit zu, und wenn sie abgelaufen ist, dann geruht er ihn fortzunehmen, gleichgültig, ob er seine Zeit, die ihm gegeben war, genutzt hat oder ob er sie nutzen konnte, denn sie ist immer zu kurz, so kurz, als flöge sie mit uns davon. Wer von uns kann denn schon ruhig und gelassen wie Goethe sagen: „Mein Bündel ist geschnürt, und ich warte auf Ordre zum Abmarsch"? Der Meister war damals 80 Jahre alt, sein Werk war im Wesentlichen abgeschlossen, nur am „Faust", mussten noch Zusätze und

Korrekturen vorgenommen werden, ein reiches, ein überreiches Leben hatte sich vollendet. Wir Armen dagegen werden nie fertig. Es kann nie vollendet sein, was wir hinterlassen. Und gleich gar nicht haben wir so viel Selbstbewusstsein wie Monsieur Voltaire. Als er zum Sterben kam und ein Priester auftauchte, damit er beichten und in Frieden hinüberfahren könne, antwortete ihm Voltaire: „Geben Sie sich keine Mühe, mein Herr, in wenigen Minuten werde ich mit Ihrem Chef persönlich sprechen." Mut und Kraft werden immer gefordert im Leben, besonders in der letzten Stunde. Wohl dem, der sie hat.

Aber ein unheimlicher, ein finsterer Geselle – ist er das wirklich? Freilich, er löscht alles Leben aus, er verkörpert das böse Prinzip. Unsere Lieben nimmt er mit sich fort, die liebe gute Mutter, das hoffnungsvolle Kind im blühenden Alter. Er reißt Lücken, die nie mehr zu schließen sind. Er schafft Leid und Schmerz und hat kein Erbarmen mit uns.

Und doch ist er mildtätig und verfährt weise mit uns und dem Leben. Milliarden und Abermilliarden Mikroben sendet er aus, sie machen sich auf den Weg überall dorthin, wo Leben war. Mit Haut und Haar vertilgen sie, was von den „sterblichen Hüllen" übrig geblieben ist, und selbst von den Knochen bleibt kein Rest. Alles vernichten sie, was einst gelebt hat, Pflanze, Tier und Mensch.

Würde er seine fleißigen Gesellen nicht ausschicken – die Erde wäre übersät von Kadavern und kein neues Leben wäre mehr möglich. Indem er das Leben negiert, schafft er Platz für neues Leben. Er wendet uns die Schattenseite zu und bringt doch Licht. „Er ist ein Teil von jener Kraft, / Die stets das Böse will und stets das Gute schafft."

Er ist ein Teil des Universalprinzips, das von jeher wirkt und schafft, seitdem es die Welt gibt und das Leben. Wie Mephistopheles verkündet er mit Stolz sein Bekenntnis:

> „Ich bin ein Teil des Teils, der anfangs alles war,
> Ein Teil der Finsternis, die sich das Licht gebar,
> Das stolze Licht, das nun der Mutter Nacht
> Den alten Rang, den Raum ihr streitig macht,"

Er ist gut und heilsam wie das Leben selbst. Er versetzt alles Lebendige in den ursprünglichen Zustand zurück: in die Nichtexistenz. „Der Tod ist der Gerichtsvollzieher der Ewigkeit." Ein kluger Satz, fast eine Definition. Er findet sich in den „Fliegenden Blättern". Er ist so scharfsinnig, dass man eigentlich wissen möchte, wer der Mann war, der ihn gedacht hat. Oder war es doch eine Frau? Mit dem schönen Geschlecht wollen wir es nicht verderben.

Alle Vorfahren und ich selbst leben e w i g – was brächte das für ein Chaos! Alle diejenigen meines Geschlechts, die vor mir gewesen sind, stehen an meiner Wiege und begleiten mich ein Leben lang auf meinen Wegen, wollen es nicht zulassen, dass ich neue Wege gehe, reden mir ins Gewissen, der Tradition treu zu bleiben und kein Jota davon abzuweichen. Aller Wind wäre mir aus den Segeln genommen, jede Neuerung würde im Keim erstickt, und der Fortschritt hätte es schwer. So aber gedenke ich meiner Vorfahren mit Dankbarkeit, und die teure Großmama, deren Bildnis auf meinem Schreibtisch steht, lächelt mich freundlich an und ermuntert und bestärkt mich in meinem Willen zu neuen Taten.

Wäre überhaupt Platz für Hunderte Milliarden Menschen auf unserer schönen Erde? Ein dreifaches Hoch den Kadaververtilgern, den eigentlichen Helden der Erde, und auch ein Hoch auf den, der sie schickt und Platz schafft für neues Leben. Er löscht alles aus, was Leben war, aber nur dem Scheine nach ist er die blanke Negation. Er wendet uns die Schattenseite zu und bringt doch Licht. Die Traurigkeit vergeht, die ihn begleitet; die Zeit eilt, weilt, heilt. Empfinden wir Trauer und Schmerz, dass unser Goethe nicht mehr unter uns weilt? Er ist nicht tot, er lebt in seinem gewaltigen Werke weiter. Der lebendige Goethe – er würde gar nicht mehr in unsere Zeit passen, sein Tod erfüllt uns nicht mit Wehmut, sein Werk aber mit Freude und Stolz.

Wir Geringen, von denen höchstens „ein Hügel im Badischen" bleibt, hinterlassen nicht viel. Uns fällt es zu, all unsere Fähigkeiten zu entwickeln, damit unsere Erde etwas freundlicher und heller werde, ein sinnerfülltes Leben zu führen und den Staffelstab, den wir von unseren Altvordern übernommen haben, weiterzugeben.

> „Ein kleiner Ring
> Begrenzt unser Leben,
> Und viele Geschlechter
> Reihen sich dauernd
> An ihres Daseins
> Unendliche Kette."
> *(Goethe)*

Es ist unendliches Glück, was uns zugefallen ist. Wir müssen lernen, uns als Glied einer unendlichen Kette zu begreifen. Leben ist Verpflichtung und Gnade.

„Tod, wo ist dein Stachel ..."

Wenn man die achtzig überschritten hat, denkt man oft ans Ende, denn nichts hat Bestand und alles hat seine Zeit. „Mein Bündel ist geschnürt; ich warte auf Ordre zum Abmarsch", sagte der achtzigjährige Goethe. Der „Faust" war versiegelt, das reiche Leben vollendet, gefasst sah er dem Unvermeidlichen entgegen im Glauben an die Unzerstörbarkeit seines Wesens.

Können wir Geringen den Tod ebenso gelassen aufnehmen, wir Geringen, die keinen „Faust" vorweisen können und denen die Vergänglichkeit im Nacken sitzt? Von uns bleibt, wenn's hoch kommt, „nur ein Hügel im Badischen", wie es Thomas Mann in seinem Roman „Lotte in Weimar" verkündet.

Wie unbedeutend und vergänglich unser Leben ist, habe ich kürzlich erleben können. „Wo ist denn der Herr Günther?", hatte ich meine Nachbarin gefragt. Den alten Herrn von 96 Jahren hatte ich länger nicht gesehen; war er krank oder verreist? Was antwortete mir die Nachbarin? „Der ist nicht mehr da." Einen Moment habe ich gestutzt, zu ungewöhnlich war die Antwort, dann aber wurde mir bewusst, dass er ausgelöscht ist, der liebe Nachbar. So einfach ist das. Was bedarf es da großer Worte? Nicht mehr lange und niemand wird sich mehr an ihn erinnern können. Wo ist er denn nun, der Herr Günther? Sein Leben war reich an Jahren und Freuden, nun hat ihn über Nacht der Tod zu sich genommen.

Ausgelöscht ist nicht nur die Persönlichkeit, ausgelöscht sind auch alle Ängste und Sorgen und die Furcht vor Krankheit und Siechtum. Seine Kinder können froh sein, dass sich der Tod so human gezeigt und ihm Leiden und Qualen erspart hat. Leben hat nur Sinn, wenn es Würde hat. Für Jammern gibt es keinen Grund, und eigentlich ist auch für Trauer wenig Platz. Leben und Tod sind Zwillingsbrüder, die zusammengehören wie der Wind und das Meer.

Vom Leben aus soll man den Tod betrachten, meint Goethe, „und zwar nicht von der Nachtseite, sondern von der ewigen Tagseite her, wo der Tod immer vom Leben verschlungen wird." Das war seine Lebensmaxime. Sorgsam hielt er sich den Tod vom Leibe; bei keiner Trauerfeier ließ er sich sehen, nie wollte er seine Freunde noch einmal im Tode sehen; weder Herder noch Schiller noch Anna Amalia. „Warum soll ich mir die lieblichen Eindrücke von den Gesichtszügen meiner Freunde durch die Entstellung einer Maske zerstören lassen? Der Tod ist ein sehr mittelmäßiger Porträtmaler. Ich meinerseits will ein seelenvolleres Bild als seine Masken von meinen sämtlichen Freunden im Gedächtnis aufbewahren."

Diesem mittelmäßigen Porträtmaler dürfen wir keinen Logenplatz in diesem Welttheater zuweisen, weil er nichts Mystisches, Unbegreifliches ist und mit dem Leben verschlungen ist. Sieh dir die Bäume an, sie können uns Lehrmeister sein. In der Mitte liegt das Kernholz, um diese Schicht herum das Splintholz, darüber liegt das Kambium: es ist eine dünne Schicht aus lebendigen Zellen. Nur dieser Teil des Baumes lebt und sorgt mit der Zellabgabe nach innen und außen für das Wachstum des Baumes. Alles andere des Stammes ist tot.
Die Energieversorgungszentrale wird von allem Ballast freigehalten. Was für ein erstaunliches Phänomen! Welch geniale Erfindung der Natur!

Der Baum blüht und wächst; doch 95 Prozent hat der Tod schon aufgenommen, und eines Tages wird alles – Äste, Zweige, Blätter, Borke und auch der Stamm – zerfallen und verrotten, wieder zu Staub werden und damit Platz für neues Leben schaffen.

Diese Zerstörung vollzieht sich laut- und schmerzlos durch Milliarden und Abermilliarden Bakterien. Winzlinge der Nano-Welt mit ihrer bescheidenen Größe von 0,0005 mm. Sie, die auf der niedrigsten Stufe des Lebens stehen, sie verwandeln alles, was Leben heißt, zu Aufbaumüll; sie sind stille und stumme Diener am Leben, denn ohne diese Helfer im Verborgenen würde die ganze Erde bald in Milliarden „Leichen", in toten Pflanzen, Bäumen, Tieren und Menschen ersticken und Leben wäre bald nicht mehr möglich. Wahrlich, der Tod ist eine vortreffliche Erfindung des Lebens! Nicht der Tod ist unbegreiflich, sondern das Leben!

Was ist das eigentlich, „Leben", und wie und warum ist es entstanden? Und welche Bedingungen und Zufälle waren im Spiele, damit ich in meiner einzigartigen Individualität entstehen konnte?
Millionen, ja viele Milliarden vor und nach mir hätten auch gern Sonne, Mond und die Sterne gesehen und sich des Lebens erfreut, aber es wurde ihnen nicht vergönnt, „das Licht der Welt" zu erblicken. „Das Leben ist rätselhafter als der Tod. Es ist unbegreiflicher, dass ich bin, als dass ich einst nicht mehr bin." *(Jochen Günther)*
Die Natur meint es gut mit uns Menschen. „Sie nimmt uns in den Kreislauf ihres Tanzes auf und treibt sich mit uns fort, bis wir ermüdet sind und ihrem Arme entfallen. Leben ist die schönste Erfindung und der Tod ihr Kunstgriff, viel Leben zu haben." *(Goethe)*

Mit diesem Kunstgriff hat es allerdings seine Bewandtnis, er will uns nicht so recht schmecken. Er nimmt uns liebe Menschen für immer fort und stürzt uns Zurückgelassene in Kummer und Leid. „Der Übergang von einer uns bekannten Existenz in eine andere, von der wir auch gar nichts wissen, ist etwas so Gewaltsames, dass es für die Zurückbleibenden nicht ohne tiefe Erschütterung abgeht." sagt der achtzigjährige Meister.

"Ach, es ist so dunkel in des Todes Kammer,
Tönt so traurig, wenn er sich bewegt,
Und nun aufhebt seinen schweren Hammer
Und die Stunde schlägt."

(Matthias Claudius)

Der Tod ist wahrlich ein grausamer Gesell, aber wir dürfen ihm keinen Platz geben, wir müssen lernen, ihn wieder so unbefangen anzusehen wie unsere Altvordern vor 2000 Jahren.

In der Morgenröte unseres Daseins, bei den Griechen und Römern, die die erste europäische Hochkultur geschaffen haben, als die christliche Legende von der Erbsünde mit Verdammnis und Hölle noch unbekannt war, hat man den Tod als ein natürliches Ereignis betrachtet.

„Das schauerlichste Übel, der Tod, geht uns nichts an", verkündete Epikur. „Solange wir sind, ist der Tod nicht da und sobald er da ist, sind wir nicht mehr.

Denn was sich aufgelöst hat, ist ohne Empfindung: was aber ohne Empfindung ist, geht uns nichts an. Folglich geht er weder die Lebenden noch die Toten an, denn die einen betrifft es nicht, und die anderen sind nicht mehr."

Bei den Griechen und Römern erscheint der Tod, von Herder und Lessing (1769 bzw. 1774) in ihren Abhandlungen „Wie die Alten den Tod gebildet" beschrieben, nicht als trostlos schreckliches Gerippe mit der Sense in der Hand, wie er später auf den christlichen Friedhöfen zu sehen war, sondern als junger Genius, der mit umgekehrter Fackel das Leben auslöscht. Der junge Goethe und dessen Studiengenossen haben diese Abhandlungen mit Begeisterung aufgenommen und als „Triumph des Schönen" gefeiert. „Am meisten entzückte uns die Schönheit jenes Gedankens, dass die Alten den Tod als den Bruder des Schlafs anerkannt und beide, Tod und Schlaf, als Zwillingsbrüder zum Verwechseln gleich gebildet haben", steht in „Dichtung und Wahrheit". Es wird auch für uns höchste Zeit, dass wir uns von überholten Anschauungen und aller Bevormundung befreien.

Wir von der großen Gemeinde der Epikureer sehen dem Unvermeidlichen gelassen und ruhig entgegen. Natürlich auch mit Wehmut, denn Leben ist Gnade und wird uns nur einmal gegeben. Ein großer Wunsch aber bleibt: dass es so friedlich und schön zu Ende gehen möge wie das meiner Großmutter. Die 82-Jährige war nie krank gewesen und hochbetagt noch zum Nachbardorf gelaufen, um ihre Freunde zu besuchen. Eines Morgens um fünf Uhr wachte sie auf, verkündete uns mit sicherer Stimme, dass sie heute sterben müsse, und bat darum, ihr noch einen starken Kaffee zu kochen, ihr Lieblingsgetränk.

Mit Genuss und Vergnügen trank sie ihn und war zwei Stunden später für immer in die ewige Ruhe hinübergeschlafen.

Es hat sich erfüllt, was im Psalm 90, Vers 10 steht: „Unser Leben währet siebzig Jahre, und wenn's hoch kommt, so sind's achtzig Jahre, und wenn es köstlich gewesen ist, so ist es Mühe und Arbeit gewesen." Ja, jedes Leben, ob es reich ist oder mühselig und beladen, hat seine Last und seine Bürde. Wir sind nicht auf Erden, um glücklich zu sein. Goethe, ein vom Schicksal wahrlich Begünstigter, hat diese Wahrheit in ein eigenartig anmutendes Bekenntnis gekleidet: „Wir alle leiden am Leben." Allgemeingültig ist das Urteil formuliert, alle sind eingeschlossen, und jeder mag überprüfen, ob es auch für ihn zutrifft.

> Ich habe den Berg erstiegen,
> der euch noch Mühe macht,
> Drum weinet nicht, ihr Lieben,
> ich hab's vollbracht.

Diese Zeilen standen neulich in einer Todesanzeige; ich finde sie treffend und wahr. Viele Hürden muss der Mensch in seinem Leben nehmen, der Tod ist die letzte. Hat er sie überwunden, steht er höher als jeder, dem noch Leben vergönnt ist, denn ihm steht der Berg noch bevor, den der Hingeschiedene schon überstiegen hat. Mit Paulus kann man, wenn auch auf eine etwas andere Weise, ausrufen und triumphieren: „Tod, wo ist dein Stachel, Hölle, wo ist dein Sieg?" Die Überwindung des Todes kann man in einer vorzüglichen Vertonung erleben: im Mittelsatz des berühmten Klarinettenkonzerts von Wolfgang Amadeus Mozart. Wenn man diese himmlische Musik hört, verschwinden Kummer und Leid und ein unendlicher Friede breitet sich über die Seele aus.

Advent

Lateinisch „adventus" heißt „Ankunft": die Ankunft des Kindes im Stall zu Bethlehem ist gemeint. Weihnachten, das schönste Fest des Jahres, steht vor der Tür, die „wihenaht", wie es im Mittelhochdeutschen noch heißt. Es beruht, wie der Sprachwissenschaftler einwirft, auf dem alten Dativ Plural „ze den wihen nahten" = „zu den heiligen Nächten".
Damit waren ursprünglich die Mittwinternächte gemeint, die schon in germanischer Zeit gefeiert wurden. Unser „Advent" lässt also eine breite Deutung zu und kann auch von den Menschen mit Hingabe begangen werden, die nicht auf christliche Werte eingeschworen sind.

Mit festlicher Musik soll der Advent empfangen sein! Eine CD wird aufgelegt, und schon ist Jubel im Raum: „Jauchzet, frohlocket! Auf, preiset die Tage ..." Doch in mancher Familie will heute die rechte Freude nicht aufkommen: der Arbeitsplatz ist in Gefahr, und der Junge hat immer noch keine Lehrstelle bekommen. Vorfreude und Erbauung werden durch Unsicherheit und Ängste getrübt oder genommen; auch mit dem großen BACH lassen sie sich nicht einfach verscheuchen oder negieren.
Also warten, bis die dunklen Wolken verzogen sind und sich Licht am Horizont abzuzeichnen beginnt? Zum Verb „advenire" – ankommen – gehört auch das Wort „Abenteuer": nach dem Sprachduden ist es „ein gewagtes Unternehmen, ein prickendes Erlebnis". Ja, wir stehen mittendrin in diesem merkwürdigen „Abenteuer Leben". Da kann nicht alles glatt- und gut gehen, da kann nicht alles friedlich und geordnet sein, wie wir es uns wünschen. Was dem Menschen auferlegt ist, das muss er mit Würde tragen und bestehen. Worauf also warten? Gehen wir feierlich in den Advent! Er kommt nur vier Sonntage zu uns, man kann ihn nicht hinhalten oder hinausschieben.

Und neugierig dürfen wir schon sein auf jeden neuen Tag: Was wird er bringen, was an Überraschungen bereithalten? Machen wir uns also das „Geschenk" Advent. Er verkündet uns, dass wir „angekommen" sind und es annehmen, dieses „Abenteuer Leben"; Leben ist Gnade. Es ist uns nur einmal gegeben. Nutzen wir diese großartige Chance. „Jauchzet, frohlocket! Auf, preiset die Tage ...!"

„O du fröhliche ..."

Wir haben Ostern und Pfingsten, den 1. Mai und den Nationalfeiertag, aber niemand kann es mit Weihnachten aufnehmen. Es ist der Hit unter den Festen, der Höhe- und Glanzpunkt des Jahres. Ohne Schnee lässt sich der Winter denken, aber ohne Weihnachten?

„O du fröhliche, o du selige, gnadenbringende Weihnachtszeit", mit Tannenbaum und Stollen und Pfefferkuchen, mit Lichterketten, Pyramiden und Schwibbogen in den Fenstern, mit Glockenläuten und Gänsebraten und den alten schönen Weihnachtsliedern ...

Das alles kennen wir von Kind an, das möchten wir nicht mehr missen, das alles macht den Zauber von Weihnachten aus. Es ist ein Fest, das nie vergehen wird.

> „Markt und Straßen stehn verlassen,
> still erleuchtet jedes Haus,
> sinnend geh ich durch die Gassen,
> alles sieht so festlich aus.
> ...
> Und ich wandre aus den Mauern
> bis hinaus ins freie Feld,
> hehres Glänzen, heil'ges Schauern!
> Wie so weit und still die Welt!"
> *(Joseph von Eichendorf)*

Mit der Natur und der Jahreszeit hat es schon zu tun. Fast spürt man, dass es mit der Sonne wieder aufwärts geht und die dunklen Nächte dem Lichte weichen müssen. In uns allen steckt noch ein bisschen von den „wihe nahten" der altgermanischen Zeit, als man die heiligen Mittweihenächte beging. Weit weg davon ist unser Fest nicht. Und den Mittelpunkt – den bildet der Tannenbaum, der Christbaum, der Lichterbaum, der Julbaum, er hat viele Namen. Seine „Hoffnung und Beständigkeit gibt Trost und Kraft zu jeder Zeit!"

> O Tannenbaum, o Tannenbaum,
> wie treu sind deine Blätter!
> Du grünst nicht nur zur Sommerszeit,
> nein, auch im Winter, wenn es schneit!
> O Tannenbaum, o Tannenbaum,
> wie treu sind deine Blätter!

Der Weihnachtsbaum und die Deutschen – das ist ein besonderes Kapitel. Er müsse so alt sein wie das deutsche Volk selbst, meint man in der Welt, doch so alt ist er gar nicht. 1605 wird der Brauch aus Straßburg bezeugt, 1737 hören wir vom ersten Lichterbaum in einem Herrschaftshaus bei Zittau. Erst viel später, um 1870/80, mit dem wirtschaftlichen Aufschwung, hielt er Einzug bei allen Familien und in allen deutschen Landen. Und auch die alten schönen Lieder, sie sind zumeist gar nicht so alt. „O du fröhliche, o du selige ..." geht auf das 19. Jahrhundert zurück, und auch „Stille Nacht, heilige Nacht ..." ist damals entstanden. Dieses Lied, in einer kleinen süddeutschen Dorfkirche zum ersten Male zur Gitarre gesungen, aus der Not geboren, weil die Orgel ausgefallen war, hat inzwischen die ganze Welt erobert ...

Es wurde im 19. Jahrhundert Brauch, kleine Geschenke unter den Tannenbaum zu legen; niemand konnte damals ahnen, was daraus werden sollte: eine Schenklawine kam ins Rollen, die alles unter sich begrub, was einmal war. Oder sind die Weisen aus dem Morgenlande schuld? Sie kamen zur Krippe, fielen nieder, beteten und schenkten dem Jesuskind „Gold, Weihrauch und Myrrhe". Ja, auch Gold. So wenigstens steht's bei Matthäus.

Mit dem Stern von Bethlehem begann alles, aber wissen wir eigentlich noch, warum wir Weihnachten feiern? Jeder zehnte Bundesbürger weiß darauf keine Antwort. Erinnert der Adventsstern im Wohnzimmer noch an den Stern von Bethlehem? Weihnachten hat sich selbstständig gemacht, das religiöse Fest der Geburt Christi ist weitgehend profanisiert und vom Stern von Bethlehem abgekoppelt worden.

In wie vielen Familien wird am „Heiligabend" noch „Vom Himmel hoch, da komm ich her ..." oder „Es ist ein Ros entsprungen" gesungen? Weihnachtslieder im trauten Kreise der Familie zu singen, das ist rar geworden. „Weihnachtsstimmung" wird durch den Fernseher ins Zimmer geholt.

Die B e s c h e r u n g ist zum Mittelpunkt des Festes geworden. Im Süden nimmt sie das Christkind vor, im Norden der Weihnachtsmann, die Unterschiede sind so krass nicht, sie werden durch die Gaben nivelliert. Vorher, am 6. Dezember, hat sich noch der Nikolaus erhalten, aber ein Heiliger ist er nicht mehr, der uns die geputzten Schuhe mit Süßigkeiten füllt und uns auf das große Fest einstimmt.

> Morgen, Kinder, wird's was geben,
> morgen werden wir uns freun!
> Welch ein Jubel, welch ein Leben
> wird in unserm Hause sein!
> Einmal werden wir noch wach,
> heißa, dann ist Weihnachtstag!

Weihnachten hat sich gewandelt, es ist für die meisten Menschen kein religiöses Fest mehr und ist zu einem großen, schönen F a m i l i e n f e s t geworden. Habt Nachsicht, liebe Christen, dass die christlichen Werte ihre Anziehungskraft verloren haben und in unserem aufgeklärten Jahrhundert die christliche Botschaft viele Menschen nicht mehr erreicht. Jedem muss zugestanden werden, Weihnachten auf seine Weise zu feiern und nach eigener Fasson selig zu werden.

So hat es schon der Alte Fritz verkündet. Sprecht auch nicht davon, dass Weihnachten zu einem Schenk- und Schlemmerfest verkommen ist: viele Gaben sind kein Luxus, sondern unerlässlich für die Existenz, und wir wollen froh sein und dankbar, dass die Zeiten der Not vorüber sind und der Tisch reich gedeckt sein kann.

Die F a m i l i e, die so sehr gefährdet ist in unserer Zeit, steht einmal im Jahr im Zentrum – ist das nicht wunderbar? „Sind die Lichter angezündet, Freude zieht in jeden Raum: Weihnachtsfreude wird verkündet, unter jedem Lichterbaum. Leuchte Licht, mit hellem Schein, überall, überall soll Freude sein." Alle singen fröhlich das schöne Lied vom Tannenbaum; der Weihnachtsmann kommt und trägt das „uralte" Gedicht vor, das Theodor Storm geschrieben hat:

>„Von drauß', vom Walde komm' ich her;
>ich muß euch sagen, es weihnachtet sehr!
>Überall auf den Tannenspitzen,
>sah ich goldne Lichtlein blitzen.
>Und aus dem Himmelstor,
>sah mit großen Augen das Christkind hervor ..."

Die Kleinen sagen befangen ihr Sprüchlein auf: „Lieber, guter Weihnachtsmann, sieh mich nicht so böse an ...", versprechen, manches besser zu machen, und dürfen aus dem großen Sack ein Geschenk heraussuchen.

Dann findet sich die ganze Familie unterm Tannenbaum ein, die Mutter stimmt an und alle fallen ein und singen das alte Lied: „O du fröhliche, o du selige, gnadenbringende Weihnachtszeit", und jeder sucht und findet dann auf dem Gabentisch seine Geschenke, das große Fest kann beginnen ...

Kluge Eltern werden die Weihnachtstage für besinnliche Stunden nutzen und ihren Kindern auch den christlichen Ursprung des Weihnachtsfestes nahebringen und ihnen die Weihnachtsgeschichte vorlesen, wie sie im Evangelium des Lukas überliefert ist. Sie werden ihnen auch davon erzählen, wie das Leben früher war und ihnen eine der schönsten Erzählungen bieten, welche die Literatur kennt: Peter Roseggers „Als ich Christtagsfreude holen ging". Weihnachten wird dadurch bereichert, sehen sie doch, dass in unseren Tagen die Mühseligkeit der menschlichen Existenz überwunden ist und den Menschen endlich „Wohlgefallen" vergönnt wird, wie es die Engel in der Weihnachtsgeschichte verkünden.

„Alle Jahre wieder kommt das Christuskind, auf die Erde nieder, wo wir Menschen sind." Wird es auch so bleiben? Dunkle Wolken ziehen auf, in England sind sie schon angekommen. In einigen Städten haben die Behörden Weihnachtsschmuck und Lichterketten in Einkaufszentren und Fußgängerzonen untersagt. In den meisten Betrieben und Büros finden die traditionellen Weihnachtsfeiern nicht mehr statt. Das alles sei im multikulturellen England, wo Menschen verschiedenen Glaubens arbeiten, politisch nicht mehr korrekt, vor allem die Muslime würden sich diskriminiert fühlen.

Eine „Welle der politischen Korrektheit" hat England erfasst, auch das britische Fernsehen. Außer der Queen wird in diesem Jahr eine völlig verschleierte Muslima eine Ansprache halten ...

Auch in anderen europäischen Staaten gehen diese Gespenster um. Die Menschen haben Angst vor einer Islamisierung ihrer Länder ... Hat das Abendland keine Kraft mehr, fremde Einflüsse abzuwehren und sich selbst zu erneuern? Wird es seine arteigene Kultur und Tradition verlieren – und untergehen, wie es Oswald Spengler in seinem Buch „Der Untergang des Abendlandes" prophezeit hat?

Noch haben wir unser Weihnachten, noch können wir uns an seinem Licht und seiner Schönheit erfreuen, aber mit Besorgnis sehen wir der Zukunft entgegen.
Niemals hätten wir vor Jahren daran gedacht, dass eine Zeit kommen könnte, wo es in seiner Existenz gefährdet ist ...

„Jauchzet, frohlocket! Auf, preiset die Tage!" Möge BACHs Weihnachtsoratorium auch in fernen Tagen das Fest des Jahres einleiten und verkünden!

Weihnachtsgeschenke

„Jauchzet, frohlocket, auf, preiset die Tage ..." BACHs Weihnachtsoratorium läutet eine herrliche Zeit ein, das schönste Fest des Jahres. Alle sind voller Erwartung, und selbst der Großpapa sieht dem Fest mit Neugier, ja mit einer gewissen Spannung entgegen, auch wenn er es schon Jahrzehnte erlebt hat. Wird man auch ihn bedenken, womit wird man ihn überraschen? An wessen Geschenken wird er Zuneigung, ja Liebe erkennen?

Die Vorfreude ist groß, doch die Geschenke, die machen Sorgen. Was nur kaufen, womit kann man Freude bereiten? Sie haben doch alles, was sie brauchen, und was noch fehlt, das lässt sich mühelos beschaffen.

In Notzeiten, da ist alles einfacher, da werden selbst Kleinigkeiten zu köstlichen Gaben.

Aber das ist Vergangenheit, die Zeit der Socken und Krawatten, der Sammeltassen und Kaffeekannenwärmer ist für immer vorbei. Heutzutage kann man selbst mit dem berühmten „Rotkäppchensekt" keinen Staat mehr machen; er hat Henkel & Co aus dem Rennen geworfen und ist geschätzte Hausmarke selbst dort geworden, wo nur Henkel & Co regierten.

Heute möchte es schon etwas „Gediegenes" und „Erlesenes" sein, wenn man die Herzen erfreuen will; man ist doch nicht arm, und die Kaufhäuser und Lager brechen aus allen Nähten, sie schreien geradezu nach Absatz.

Geschenktem Gaul guckt man nicht ins Maul? Man sieht schon hin, ob es ein edles Tier ist oder ein Klepper. Schenken tut niemand kränken? Das soll schon öfter passiert sein. Geschenke sollen Brücken schlagen zwischen dir und mir; da sind Sorgfalt und Umsicht gefragt.

Du kannst es mit G e g e n s a t z g e s c h e n k e n versuchen. Was das ist? Er interessiert sich nicht sonderlich für Malerei? Schenke ihm einen Bildband von Albrecht Dürer. Unser Mann ist so groß, hat so Gewaltiges geschaffen, dass Staunen, ja Ehrfurcht nicht ausbleibt und die Gleichgültigkeit keine Chance mehr hat.

Er ist wenig geübt im Hören klassischer Musik? Schenke ihm Mozart, das himmlische Klarinettenkonzert in A-Dur könnte dabei sein – übermorgen ist er vielleicht schon ein Mozartfreund.
Er mag Hunde nicht besonders, für die die Tochter schwärmt? Schenke ihm „Herr und Hund", eine köstliche Erzählung von Thomas Mann: Er wird seine Vorbehalte überwinden und dem gescholtenen Tier vielleicht sogar etwas Liebe abgewinnen können und die Schwärmerei der Tochter für das Geschöpf tolerieren.

Bei solchen Gegensatzgeschenken ist allerdings Vorsicht geboten; einen Kommentar musst du schon hinzufügen, dein Geschenk könnte sonst ein Misserfolg werden und dir zum Nachteil gereichen. Widerspruch ist nicht gern gesehen, man hält ihn sich am liebsten vom Halse.

Eine Stufe höher stehen die A u f w a n d s g e s c h e n k e. Sie lassen Neigung zum Beschenkten erkennen, mitunter auch Liebe, aber immer spricht Wertschätzung aus ihnen. Du arbeitest beruflich auf einem Spezialgebiet, das für deine Freunde kaum zugänglich, ja „ein Buch mit sieben Siegeln" ist? Schreibe einen bebilderten „Einführungskurs" in dein Fachgebiet.

Er vermittelt mehr als nur Wissen, er bringt auch ein Stück deiner Persönlichkeit zum Beschenkten hinüber.

Du fotografierst gern, deine Bilder können sich sehen lassen? Gestalte ein Fotobuch mit den besten Bildern des Jahres – auch das ist eine Botschaft, nicht nur von dir: fotografieren heißt sehen, entdecken, auswählen, gestalten. Die Welt, wie du sie siehst, wird deinen Freunden sichtbar. Und angeregt, selbst ans Werk zu gehen, werden sie auch; mit einer Klappe schlägst du gleich mehrere Fliegen.

Du schreibst hin und wieder Aphorismen oder Feuilletons zur eigenen Freude? Wähle davon Treffendes aus und fertige in Kunstschrift ein kleines literarisches Heft an – deine Freunde kommen aus dem Staunen nicht heraus.

Du verstehst etwas von Musik? Stelle eine Kassette mit interessanten Beispielen zusammen und kommentiere sie – deine kleine Musikgeschichte mit Bildern wird bestimmt Freude bereiten und wird viel von deinem Geschmack, deinen Auffassungen und deiner Persönlichkeit erzählen.

Du bist geschickt im Malen und Zeichnen, ohne dass du einen künstlerischen Anspruch damit verbindest? Trotzdem kannst du ein Album mit deinen Versuchen basteln; deine Freunde werden erstaunen und erfreut sein, dass du ihnen ein so persönliches Geschenk machst.

Kleine Geschenke erhalten die Freundschaft, billige bergen viel Zündstoff und können sie töten. Am Geschenk erkennt man den Geber, aber auch und vor allem, was der Geber vom Beschenkten hält. Geschenke sind Brückenschläge; es liegt an uns, dass sie keine Tiefschläge werden. „Das Rechte zu schenken", meint Eugen Roth, „macht immer nötig, scharf zu denken."

Silvester

Es ist der schönste Tag des Jahres! Man kann das alte Jahr abschütteln, alles hinter sich lassen, was war und was sich nicht mehr ändern lässt, und ein neues Leben beginnen. Was dich bedrückt, zählt heute nicht, was dir nicht gelungen ist, wird nun anders angepackt. Man sitzt im Kahn der fröhlichen Leute und lässt sich vergnügt durch die letzten Stunden des Jahres schaukeln. Nichts kann heute mehr schiefgehen, denn der 31. Dezember ist nach dem Tagesheiligen benannt, nach Papst Silvester. Ob er auch mich unter seine Fittiche nimmt? Mich, den Abtrünnigen, der seiner Kirche nicht mehr angehört? Er antwortet mir, wie es sich für das Kirchenoberhaupt schickt, mit der Bibel: In unseres Vaters Haus sind viele Wohnungen, da wird auch schon Platz sein für dich.

„Freude, schöner Götterfunken, Tochter aus Elysium ..." jubelt's im Radio. Natürlich hört man sich die NEUNTE an, ehe man aufbricht zur großen Silvesterparty.
Ein bisschen Kultur muss schon sein, zumindest am letzten Tag des Jahres, und überall in der Welt ist heute Beethoven gefragt, bei allen Rassen und Kulturen. Überall in der Welt? Ist denn morgen in der ganzen Welt Neujahrstag? Die Hindus beginnen das Jahr mit dem 20. oder 21. März, dann nämlich, wenn die Sonne in das Zeichen des Widders eintritt, und bei den Chinesen schwankt das Neujahr zwischen dem 21. Januar und dem 20. Februar – was für ein Chaos herrscht in der Welt!

Doch sind wir mit dem 1. Januar auf der richtigen Spur? Ein kleiner Rückblick in die Geschichte bringt Licht in das Dunkel. Bei den Römern begann das neue Jahr am 1. März, unter Caesar wurde es auf den 1. Januar verlegt, auf den Tag, da die Konsuln ihren Dienst antreten mussten, und seit dieser Zeit ist auch für uns der 1. Januar

Jahresbeginn. Wir tanzen also immer noch nach der Pfeife von Julius Caesar!

Dabei wäre der 21. Dezember viel sinnvoller und schöner: Da feierten die alten Germanen die WINTERSONNENWENDE. Wenn es wieder aufwärts geht mit der Sonne, da lässt sich gut feiern! Sollten wir also nicht zurückkehren zu diesem schönen Fest? So gut ist es nicht, von den Vorfahren abgewichen zu sein. Sollen doch die in Brüssel feiern, wann sie wollen: Unser Jahr beginnt eben am 21. Dezember wie bei den alten Germanen!

Jeder soll nach seiner Fasson selig werden, jeder kann ins neue Jahr eintreten oder hineintorkeln, wann er will – nur: Welches Jahr eigentlich schreiben wir heute? Wir im alten Europa, wir sind im Jahre 2017 angelangt, aber wie geht's in den anderen Ländern und Erdteilen zu? Die Moslems leben jetzt im Jahre 1402; so viele Jahre sind seit der Flucht Mohammeds vergangen. Die Buddhisten stehen im Jahre 2300; so lange ist ihr Herr und Meister tot. Niemand aber kann mithalten mit den Juden: Sie schreiben schon das Jahr 5778! Wer findet sich da noch zurecht? Auf nichts ist heute Verlass, auf nichts kann man mehr bauen, nicht mal auf die Zeitrechnung.

Brauchen wir überhaupt die Zeit? Dem Glücklichen schlägt keine Stunde. Und woher wollen wir die Messlatte nehmen, damit man richtig misst und lebt? „Die Zeit ist nur eine Idee oder ein Maß, aber kein reales Wesen." Das steht schon bei ANTIPHON, und der ist schon lange tot. Aber so weit brauchen wir nicht zurückzugehen, unser Albert Einstein sagt es uns moderner: „Für uns Physiker hat die Scheidung zwischen Vergangenheit, Gegenwart und Zukunft nur die Bedeutung einer wenn auch hartnäckigen Illusion." Einstein weiß es, und nun wissen wir's auch: Zeit ist Illusion.

Aber Zeit zu Einkehr und Besinnung ist immer möglich, auf welchen Tag das neue Jahr auch fällt und in welchem Jahrtausend wir auch leben mögen.
Zurückzublicken auf das, was geworden ist, und nach vorn, was noch zu tun bleibt. Doch der Blick in die Zukunft ist immer mit Bedenklichkeiten gemischt: Wie viel Zeit nach vorn bleibt uns wirklich noch? Wir wissen es nicht, und die Illusion ist da besonders groß. Geben wir uns Programme, schmieden wir Pläne, damit das neue Jahr auch gut wird! Mehr Sport wollen wir treiben, nicht mehr so fett essen und geraucht wird ab morgen auch nicht mehr. Ja, was sollte man nicht alles! „Alle Tage wenigstens ein kleines Lied hören, ein gutes Gedicht lesen, ein treffliches Gemälde sehen ..."

> „Man soll das Jahr nicht mit Programmen
> beladen wie ein krankes Pferd.
> Wenn man es allzu sehr beschwert,
> bricht es zu guter Letzt zusammen."

Erich Kästner hat uns rechtzeitig gewarnt, gern nehmen wir seinen Rat an.
„Allzu straff gespannt zerspringt der Bogen." Nun greift uns auch noch Schiller unter die Arme. Auf unsere Klassiker ist eben immer Verlass.

Bei der großen Silvesterparty sind sowieso alle Vorsätze vergessen; alle sind fröhlich heute und nett. Beim üppigen Festmenü passiert ein kleines Missgeschick: Ein Herr versieht das schöne Abendkleid der Nachbarin mit farbigen Flecken seiner Salatsoße. „Quelle mésaventure", jammert er. „Je suis désolé. Pardon Madame!" Vor lauter Schreck ist er ins Französische verfallen, Sprache und Höflichkeit sind ihm geläufig, er war mal in Frankreich. Ein paar Jahre in der Gefangenschaft können auch nützlich sein. Und die Dame, ist sie etwa erzürnt? Mitnichten: „De rien", antwortet sie, „aujourd'hui, c'est le jour de Saint-Sylvestre, Monsieur!"

Warum sind wir nicht das ganze Jahr über zueinander so freundlich und nett? Ein bisschen nachsichtig zu sein, das ist doch nicht schwer. Toleranz, die ist schon schwerer, die nimmt sich der dicken Brocken an, da braucht man schon Rückgrat, bei der Nachsicht aber hat man es nur mit leichtem Handgepäck zu tun. Nachsicht ist die kleine Schwester der Toleranz, wir wollen sie an der Hand nehmen.

Seien wir also ein bisschen nachsichtig im neuen Jahr und halten wir es öfter mit unserem Fontane. Was rät er seiner Emilie, die mitunter allzu streng war und es allzu genau nahm? „Mit dem bloßen Rechthaben ist gar nichts gewonnen, man muss auch heiter und liebenswert bleiben können, wenn der Mensch, mit dem man zusammenlebt, allerhand Dummes und Fehlerhaftes tut." Man muss es durchaus verstehen, *„fünf gerade sein zu lassen"*.

Versuchen wir es im neuen Jahr mit Fontane! Es kann uns wirklich nicht schaden. Und unserem Nachbarn gleich gar nicht. Und nun frohen Mutes hinein ins Silvestervergnügen. Die Freude, der schöne Götterfunken, die Tochter aus Elysium, beschere uns Glück und verbinde uns miteinander. „Alle Menschen werden Brüder, wo dein sanfter Flügel weilt." Die Silvesterbotschaft macht uns froh, gibt uns ein wenig Hoffnung. Sie nimmt ein bisschen Zukunft vorweg. Was zuletzt stirbt, ist die Hoffnung.

Weitere Werke des Autors:

Goethe und das Dämonische

Ein Essay

212 Seiten
ISBN 978-3-8372-1117-7

sFr 22,80 • € 18,80

August von Goethe Literaturverlag

Ernstes und Heiteres, Aphorismen und Episoden aus unseren Tagen

104 Seiten
ISBN 978-3-8372-2000-1

sFr 14,80 • € 12,80

August von Goethe Literaturverlag